Humeurs et Humour
de
Monsieur de Talleyrand

Collection "Humeurs et Humour"

Humeurs et Humour du Général, Philippe Ragueneau

Gérard Sellier

Humeurs et Humour de Monsieur de Talleyrand

Directeur de Collection
Michel Grancher

Jacques Grancher
98, rue de Vaugirard
75006 Paris

AVERTISSEMENT

"Il y a tant de charme dans l'affection qu'il y a même une sorte de plaisir à s'apercevoir qu'on est un peu dupe de ceux qu'on aime."

Pourquoi avoir choisi de m'attacher aux pas de Monsieur de Talleyrand ? Pourquoi le suivre ainsi tout au long de sa vie alors que l'histoire de France est abondamment pourvue de grands hommes illustres, beaucoup plus connus que lui, et qui, a priori, ont davantage marqué leur époque ? Pourquoi enfin, avoir écrit un livre de plus sur ce personnage alors que de nombreux historiens de grand talent ont produit, à son sujet, des œuvres en tout point remarquables ?

Peut-être un peu, pour réparer une injustice commise à son encontre, mais surtout pour montrer l'homme d'esprit qu'il fut à côté de l'homme politique que l'on connaît bien et qui a été si souvent dépeint, sous un jour si peu favorable.

Cette injustice qui fait que Charles-Maurice de Talleyrand-Périgord, ci-devant évêque d'Autun, prince de Bénévent, prince de Talleyrand, duc de Dino, grand Chambellan du Roi et de l'Empereur, vice-Grand Electeur, membre à vie de la Chambre des Pairs, membre de l'Institut, Grand Cordon de la Légion d'honneur, membre de l'Académie des Inscriptions et Belles Lettres,

Grand-croix des Ordres de Saint-Etienne, de l'Eléphant de Danemark, de Charles III d'Espagne, du Sauveur de Grèce, du Soleil de Perse, de la Conception du Portugal, de l'Aigle Noir de Prusse, de la Couronne de Saxe, de Saint-Joseph de Toscane, et chevalier du Saint-Esprit, a occupé des fonctions de tout premier rang, sans, pour autant, avoir marqué de son empreinte la mémoire collective.

Pourtant, il fut successivement : Agent général du clergé, secrétaire de l'Assemblée nationale au début de la Révolution, ministre des Relations extérieures du Directoire, puis du Consulat, archichancelier d'Etat, président du Gouvernement provisoire, ministre des Affaires étrangères, président du Conseil des ministres, et enfin ambassadeur à Londres. Il ne faut pas oublier par ailleurs qu'il a occupé ces fonctions, avec quelques éclipses certes, mais tout de même pendant plus de quarante années !

On peut s'étonner dans ces conditions qu'il n'ait pas la notoriété d'un Louis XVI ou d'un Louis XVIII, ni celle d'un Charles X ou d'un Louis-Philippe, a fortiori celle d'un Napoléon. Pourtant, sans lui, auraient-ils été ce qu'ils furent ? Sans doute pas. Et sans Talleyrand, certains d'entre eux ne seraient jamais entrés dans l'histoire de France, la grande histoire, celle qui participe à l'avènement d'une nation.

Un sort malheureux et parfois inéquitable lui a été réservé, c'est pourquoi ce livre essaiera de lui rendre quelque peu justice, même si je dois reconnaître qu'il est des causes difficiles à plaider, des attitudes ambiguës et des déclarations troublantes qui posent plus de questions qu'elles n'en résolvent.

On peut s'interroger sur les raisons pour lesquelles Talleyrand n'apparaît pas comme étant un très grand personnage de notre histoire de France, alors qu'il avait le talent et l'envergure de certains hommes auxquels il pourrait être parfaitement comparé, tels que Mazarin, Metternich ou bien Richelieu. En fait c'est toute la personnalité de cet homme, et la manière dont il a conduit sa vie, qui expliquent cet état de choses. S'il revenait parmi nous, lui qui a dit un jour : *Je veux que pendant des siècles on continue à discuter de ce que j'ai été, de ce que j'ai pensé, de ce que j'ai voulu*, très certainement serait-il déçu de constater que l'on ne parle plus guère de lui, et que lorsque l'on en parle, ce n'est pas pour en dire que du bien ! Mais si l'on pouvait solliciter son avis sur cette constatation, sans doute, fataliste et plein d'esprit, nous ferait-il cette réponse : *Les hommes de talent ont souvent le mérite de ne pas trouver une occasion de se faire connaître, les sots sont bien plus malheureux, parce que cette occasion là ne leur manque jamais !*

Mais à la question : pourquoi avoir choisi de m'intéresser à Talleyrand ? une autre réponse peut être apportée. En effet, ce ne sont pas ces quelques pages qui lui rendront la place qu'il n'a peut-être pas dans nos souvenirs d'écolier. La réponse est plus simple : lorsque l'on découvre la vie de cet homme et sa personnalité, au demeurant si troublante, on ne peut s'empêcher de subir son charme un peu sulfureux et de le suivre tout au long de son existence avec un réel plaisir. Au fil des lectures d'archives et des biographies qui lui ont été consacrées, on arrive un peu, un peu seulement, à connaître ce personnage fabuleux qui a vécu à une époque si tourmentée et si troublée, que seuls des génies comme celui-ci pouvaient s'élever au-dessus des autres hommes, et marquer ainsi de leur empreinte l'histoire de leur pays.

Son intelligence, d'une vivacité hors du commun,

ses mots d'esprit d'une rare saveur, son cynisme teinté de désinvolture, et son goût immodéré pour le pouvoir, les femmes, le jeu et l'argent, en font un personnage étonnamment complexe. On croit le saisir, et "pfuitt !" le voilà qui nous échappe comme l'eau au creux de la main.

Le mystère qu'il a toujours su entretenir autour de sa vie, et l'application qu'il a mise à récrire l'histoire a posteriori, pour justifier une position ou une attitude, ou pour démentir des propos qu'il souhaitait ne pas avoir tenus, concourent à rendre encore plus difficile la compréhension du cher homme !

De plus, sa propension pour le silence ne facilite pas l'approche de son caractère. En effet Talleyrand parlait fort peu mais toujours à bon escient. Il expliquait ainsi à Napoléon son goût immodéré pour le silence - dont il se servait comme d'une arme redoutable : *Voyez-vous Sire, c'est comme à la chasse, je laisse passer mille choses sans importance auxquelles je ne pourrais faire que des réponses ordinaires, mais ce qui part dans les pieds, je ne le manque jamais !*

En fait pour tenter de comprendre ce personnage si tortueux et si déroutant, il faut bien s'imprégner de l'idée qu'il fut un homme du "grand siècle" celui de Louis XIV, égaré au siècle suivant, dans le tumulte des événements. Jamais il n'a pu faire siennes les manières de vivre et de se comporter de la Révolution, ni celles du Directoire ou du Consulat, encore moins celles de l'Empire, dont la noblesse récente et emplumée heurtait la délicatesse de son goût et son sens du savoir-vivre.

Pendant très longtemps, Talleyrand a été dépeint sous les traits d'un homme qui sentait le soufre ; c'était : "le diable boiteux", "le père la gambille", "le cynisme fait homme." On insistait surtout sur ses excès et ses vilenies. Aujourd'hui, plusieurs historiens ont tenté d'analyser ses comportements en les replaçant dans le contexte troublé de l'époque où il vivait. Cette démarche n'avait pas pour but d'excuser les fautes qu'on a pu lui reprocher, mais elle devait relativiser les exactions qu'il a commises, et donner ainsi la juste mesure de ses agissements.

Il est vrai que pendant une époque aussi agitée et aussi incertaine que fut celle de la Révolution, ceux qui avaient en charge le destin du pays n'avaient pas toujours le choix des moyens pour mener au mieux les affaires de la France. Ces moyens n'étaient parfois pas très élégants et même souvent contraires à l'équité et au respect des droits de l'homme ; mais ainsi qu'il l'a écrit dans ses Mémoires, en guise d'excuse : *Il fallait bien guider le navire dans la tempête et le mener à bon port,* Talleyrand ajoute qu'il était *l'homme des choses et non l'homme des individus...* D'ailleurs il s'en est expliqué par avance (avant qu'on lui en fasse légitimement grief) lorsqu'il a déclaré : *Dans les temps de révolution, on ne trouve d'habileté que dans la hardiesse et de grandeur que dans l'exagération.* Et Monsieur de Talleyrand a vraiment beaucoup exagéré !...

Oh ! bien sûr ce ne fut pas un saint, mais Dieu quel esprit ! et plagiant l'une de ses bonnes amies (il en avait de nombreuses), je pourrais dire : "Si sa conversation était à vendre, j'y perdrais jusqu'à mon dernier écu, et me ruinerais avec joie !" Cet aveu vous fera comprendre le regard bienveillant, et parfois même complaisant, que je porte sur la vie de notre cher homme, pourtant non exempte de reproches.

L'humour léger et l'esprit cinglant dont il a fait preuve tout au long de son existence me lui font beaucoup pardonner. Cet homme a de l'esprit, et surtout, il aime les gens d'esprit ; c'est d'ailleurs lui qui professait souvent : *On reçoit quelqu'un suivant son rang, suivant l'habit ou le nom qu'il porte, mais on le reconduit selon l'esprit qu'il a montré.*

Ce trait d'humour est un exemple parmi les nombreux bons mots qu'il fit, même s'il est vrai qu'on lui en a beaucoup attribué et dont il n'est pas certain qu'il fût vraiment l'auteur de tous. A ce sujet, les historiens se sont interrogés très longtemps sur la manière avec laquelle Talleyrand réussissait à placer ses mots d'esprit, au moment opportun, juste à point pour étonner, surprendre et ravir son auditoire. Certains ont émis l'hypothèse, jamais vraiment vérifiée, selon laquelle il préparait ses saillies avant de se rendre à une soirée ou dans un salon à la mode. Il ne fait aucun doute par contre, qu'il s'est beaucoup inspiré de mots ou de maximes énoncés par d'autres avant lui (La Rochefoucauld par exemple) et qu'il les a remodelés à sa façon en y ajoutant souvent une pointe d'ironie et parfois un soupçon de vitriol !

Et même si chaque jour la lecture de "l'Improvisateur français" lui a fourni nombre de ses mots qu'il a su "replacer" avec esprit, il ne faut pas tomber dans l'excès contraire et dire qu'il était un homme dépourvu d'humour comme certains n'ont pas hésité à le faire. D'ailleurs Talleyrand lui-même souriait en découvrant dans les journaux tous les mots qu'on lui attribuait et qu'il n'avait pas prononcés : *Ils ont trop d'esprit... Décidément, je ne vivrai pas !*

On avait coutume dans les salons et à la Cour, d'appeler ces boutades, des Talleyrandas (ou Talleyrandanas). Je souhaite qu'elles divertissent le lecteur, autant qu'elles m'ont amusé, sans oublier toutefois que Monsieur de Talleyrand avait tout de même l'âme bien noire ! Toutefois il convient de savoir que l'on ne peut garantir de manière formelle l'authenticité réelle de tous les mots cités dans ce livre. Mais je voudrais reprendre à mon compte les propos d'André Clair sur l'esprit de Talleyrand ; celui-ci développe, en effet, une excellente théorie que l'on peut résumer ainsi : "Les mots du prince de Bénévent sont-ils authentiques, garantis d'origine ou bien apocryphes ? Tout ce que je sais, c'est que les anecdotes que je rapporte ici sont vraies, c'est-à-dire vraisemblables, et puisées aux meilleures sources. Je ne suis pas de ceux qui croient à la vérité historique d'une façon absolue : une anecdote doit être tenue pour vraie lorsque les personnages historiques qu'elle met en scène y tiennent des discours conformes à la logique - ou à l'illogisme - de leur caractère. Il n'y a pas "une" vérité historique, mais plusieurs, très exactement, autant qu'il y a d'historiens ! La preuve ? en voici une et de taille : Louis XVII et l'énigme du Temple !... Allez parler de vérité historique après cela !

Non, à de rares exceptions près, l'histoire n'est qu'une fille, fardée, maquillée pour les besoins de la cause des gens qui y trouvent leur intérêt. Alexandre Dumas devait penser comme moi : "On a le droit, disait-il, de violer l'Histoire, mais à condition de lui faire un enfant." Dès lors, à quoi bon perdre son temps, à propos des mots de Talleyrand, en recherche de paternité !"

Bien qu'on lui ait souvent reproché sa démarche, celle de son pied-bot et celle de sa conduite, je n'arrive décidément pas à le trouver antipathique ! C'est pourquoi je souhaite que le lecteur prenne du plaisir à découvrir ce personnage, sous l'éclairage particulier d'un regard quelque peu complice, et que ce plaisir sera au moins aussi intense que celui que j'ai éprouvé en dévorant ses Mémoires et les nombreux récits qu'on a faits de lui.

J'espère que l'on me pardonnera cette complicité et cette complaisance qu'il m'est difficile de celer. En guise d'excuse, j'emprunterai ce mot du maître : *Il y a tant de charme dans l'affection qu'il y a même une sorte de plaisir à s'apercevoir qu'on est un peu dupe de ceux qu'on aime*

Le fil conducteur de ce livre est la vie de Charles-Maurice de Talleyrand-Périgord, et non l'histoire de France, même si très souvent les deux se rejoignent pour ne faire qu'une. Je vous propose donc de vous faire partager la joie et les surprises que j'ai eues, en suivant pas à pas cet homme absolument fascinant, qui m'a étonné par la faculté qu'il avait de pressentir les événements, par son profond sens politique et ses vues sur la France et l'Europe. Ce fut à la fois un homme charmant, plein de finesse et de grâce, aux manières délicates d'un autre temps, et un personnage rempli de contradictions, aux idées avancées et terriblement modernes.

Si bien des griefs peuvent lui être faits, on ne pourra jamais lui reprocher de ne pas avoir été en avance sur son temps, lui qui a déclaré, et il le pensait vraiment : *Pour moi les vrais intérêts de la France ne sont jamais en opposition avec les vrais intérêts de l'Europe.* Aujourd'hui encore, ces paroles trouvent leur écho dans les discours des Européens les plus convaincus et les plus sincères. Mais combien savent que, sur le long chemin de l'union européenne, ils mettent parfois leurs pas dans ceux du descendant du grand Colbert ?

CHAPITRE 1

CES TERRIBLES PÉRIGORD...

"Religione tenuis terrena sequendo."

Pour bien comprendre notre personnage, il est absolument indispensable de remonter à ses origines et de parler de sa famille, "les terribles Périgord". Ses ancêtres ne lui ont pas transmis seulement titres et richesses mais aussi leurs principaux traits de caractère au nombre desquels il faut citer en tout premier lieu la fierté qui chez eux confine à l'orgueil. Ainsi Hugues Capet en fit les frais lorsque, demandant à Adalbert, comte de Périgord, un ancêtre de Charles-Maurice : "Qui t'a fait Comte ?" s'entendit répondre : "Et toi qui t'a fait Roi ?"

Cet ancêtre pour le moins insolent avait la réputation d'être un faiseur de rois ; il ne paraît donc pas surprenant que notre personnage, huit siècles s'étant écoulés depuis cette célèbre apostrophe, ait eu lui aussi la tentation de faire et de défaire les rois, les directeurs, les consuls, les empereurs... Que ses contemporains lui en aient laissé le loisir, il eut défait et refait le monde !

Une autre ascendance vient encore marquer le caractère de notre personnage. En effet le cardinal Hélie de Périgord, l'ami de Pétrarque, et grand intrigant devant l'Eternel, a été surnommé "le faiseur de papes" : bon sang ne saurait mentir ! Le plus extraordinaire, c'est lorsque l'on apprend que l'abbé Dupanloup a découvert à Rome, sur le tombeau de ce cardinal, l'épitaphe suivante : "Religione tenuis terrena sequendo." Ce qui signifie : "Léger de religion, ayant poursuivi les biens terrestres." Coïncidence ou atavisme ? nul ne le saura jamais. Ce qui est certain, par contre, c'est que son descendant auquel nous nous intéressons présentement a toujours montré, à bien des égards, les mêmes traits de caractère que celui dont il est issu.

Ne serait-ce que par leur devise, que cette famille porte haut et fier : "Re que Diou" (Rien que Dieu), nous sentons à quel point les Talleyrand sont orgueilleux. A elle seule, elle constitue un véritable défi à l'autorité royale. En effet le roi est loin, et Dieu bien davantage encore, alors que reste-t-il en Périgord ? eh bien justement les Périgord...

Mais Charles-Maurice a reçu aussi en héritage la grâce, les bonnes manières, et cette façon de rester toujours civil quelle que soit la situation dans laquelle il se trouve placé. Quand il est insolent, c'est toujours avec les marques de la plus extrême courtoisie. Cette amabilité et cette civilité dont il ne s'est jamais départi forment en quelque sorte, chez lui, une seconde nature. Sourcilleux au plus haut point sur la civilité, il n'aime pas les rustres et les sans-gêne. A ce sujet il est une anecdote qui montre bien à quel point il est attaché à cette qualité. Ainsi, lors d'un repas auquel notre ami participe, le Général Dorsenne Le Paige arrive très en retard, et alors que tous les convives sont déjà attablés, il s'installe bruyamment, sans pour autant présenter ses excuses. Charles-Maurice, fortement agacé par autant d'incivilité, lui demande les raisons de son retard. Le général lui répond qu'il a été retardé par "un pékin."

Mais qu'appelez-vous donc un pékin ? s'enquiert Talleyrand.

"Nous autres appelons pékin tout ce qui n'est pas militaire" rétorque le général.

Ah! je vois, lance Charles-Maurice, *c'est comme nous, qui appelons militaire tout ce qui n'est pas civil !...*

Enfin lorsque l'on évoque ses origines, on ne peut pas oublier que Charles-Maurice est descendant du grand Colbert, et qu'il a pour arrière-grand-tante la marquise de Montespan. Comment s'étonner, dans ces conditions, qu'il fût vraiment un homme d'exception !

L'origine et la prononciation de son nom de famille ont été sujettes à beaucoup de controverses. En fait c'est à un surnom que cette illustre famille doit son appellation. En effet, l'un des premiers ancêtres de Talleyrand a reçu le surnom de "Taille-Rang", en raison de sa bravoure et de son ardeur au combat. On l'avait également surnommé "Taille-Fer", mais c'est "Taille-Rang" qui est resté dans l'histoire. Au fil des siècles l'orthographe s'est transformée pour devenir définitivement celle que nous connaissons aujourd'hui, mais certains continuent à prononcer "Taillerand' ou bien "Talran" ; c'est ainsi que de nos jours encore, dans le sud-ouest de la France, on dit "Taillerand".

Charles-Maurice est issu d'une famille de très ancienne et très authentique noblesse. Cela explique nombre de ses comportements, et c'est pourquoi il ne faut jamais oublier qu'il est né "de Talleyrand-Périgord" et qu'il éprouve un immense orgueil du prestige de cette illustre maison. Pourtant, il faut lui reconnaître qu'il n'a pratiquement jamais mis en avant ses origines pour obtenir les privilèges qui généralement leur sont attachés. Il lui suffisait d'être de qualité, il n'était point nécessaire de le faire savoir. Son père, Charles-Daniel, comte de Talleyrand-Périgord, reconnu par lettres patentes signées de la main de Louis XIII, est descendant en ligne directe des anciens comtes souverains de Périgord. Contrairement à ce qu'affirmait Louis XVIII lorsqu'il déclarait perfidement : "Quand Talleyrand se dit "de" Périgord, il ne se trompe que d'une lettre, il n'est que "du" Périgord", Charles-Maurice était bien "de Périgord".

CHAPITRE 2

SA JEUNESSE

"Il faut tout expliquer par ma jeunesse..."

Le père de Charles-Maurice se maria, à l'âge de 16 ans, à Alexandrine de Damas d'Antigny, qui en avait 22. Cette dernière était attachée à la Maison de la dauphine Marie-Josèphe de Saxe, qui fut la mère des trois derniers rois de France.

La jeunesse de notre ami éclaire bien des comportements du futur évêque d'Autun. Ainsi confie-t-il à Mme de Rémusat : *Il faut tout expliquer par ma jeunesse et si je vous disais de quelle façon j'ai passé ma jeunesse, vous arriveriez à moins vous étonner de beaucoup de choses.*

Charles-Maurice de Talleyrand-Périgord naquit le vendredi 2 février 1754, au 4 de la rue Garancière, et fut baptisé le jour-même en l'église Saint-Sulpice. Ses parents, lorsqu'ils ne vivent pas à Paris, résident à Versailles, à la Cour du roi Louis XV. Dès sa naissance il est confié à une nourrice demeurant dans le faubourg Saint-Jacques. Cet état de fait pourrait paraître choquant, mais à cette époque on n'élevait pas soi-même ses enfants, et leur témoigner de la tendresse ou de l'affection n'était pas bienséant ; cela dénotait même un manque de savoir-vivre certain.

Effectivement la jeunesse de notre ami commence mal ; à l'âge de 4 ans il tombe du dessus d'une commode et se démet le pied droit. De peur qu'on la punisse, la nourrice cache cet accident aux parents du petit Charles-Maurice pendant plusieurs mois, et lorsqu'elle se décide à agir, il est trop tard. Le pied de l'enfant s'atrophie et devient une sorte de pied-bot, ressemblant à un sabot de chair terminé par des ongles en forme de griffes. Toute sa vie il devra porter une chaussure spécialement confectionnée pour lui. C'est une espèce de brodequin de grande taille, aux formes arrondies et sans talon, qui comporte à l'arrière une tige d'acier remontant le long de la jambe, et terminée par une courroie de cuir. Cette dernière permet de fixer la tige métallique à la jambe au-dessous du genou. Ce pied-bot provoque une forte claudication, et Talleyrand dut, toute sa vie, s'aider d'une canne pour marcher. Cette canne lui a causé nombre de désagréments, qu'il subira avec humour, puisque telle est sa nature.

Ainsi, à son retour d'exil, il cherche à nouer des contacts avec le gouvernement d'alors. Pour ce faire il se rend au ministère accompagné du général Lamothe. L'huissier qui les accueille lui demande de déposer sa canne, selon les consignes qu'il a reçues et qu'il se doit d'appliquer à tous les visiteurs. Charles-Maurice s'exécute, et se tournant vers le général Lamothe, lui lance ironiquement : *A ce qui me paraît, mon cher, votre gouvernement a terriblement peur des coups de bâtons !*

Le jeune Talleyrand vit chez cette nourrice, qui est une femme du peuple, comme vivent tous les enfants de cette époque, c'est-à-dire plutôt mal. C'est ce dont se rendit compte son oncle, le bailli de Périgord, le jour où il désira faire sa connaissance. Quelle ne fut pas sa stupeur de trouver son neveu au beau milieu d'un champ couvert de neige, crotté, fort mal vêtu, et chassant les alouettes en compagnie de son frère de lait !

C'est pourquoi, ému et quelque peu vexé par l'état dans lequel se trouve son neveu, le bailli de Périgord intervient pour qu'on reprenne l'enfant dans la famille. C'est ainsi que notre jeune ami quitte sa nourrice pour le château de Chalais en Périgord situé à 2 kilomètres de Barbézieux, où demeure son arrière-grand-mère, âgée de 72 ans, Marie-Françoise de Rochechouart, petite-fille de Colbert. Cette dernière est une personne fort distinguée et pourvue d'un esprit très vif. Ce sont des moments heureux que le petit Charles passe auprès de sa bisaïeule, car elle lui témoigne des sentiments comme l'affection, la douceur et la tendresse, qui lui étaient inconnus jusqu'alors. Pensez ! à cette époque de sa vie il n'avait encore jamais été embrassé par ses parents...

Cette ambiance dans laquelle il évolue a sur notre personnage une influence très bénéfique, même si plus tard il ne retint pas tous les nobles enseignements que lui avait inculqués cette grand-mère en tous points remarquable. A sa décharge, il faut dire que depuis l'âge de 4 ans, et pendant toute son adolescence, il a été un enfant à part mis au ban de la société en raison de son infirmité. Et de cela, il sera profondément blessé, et ne l'oubliera jamais tout à fait.

A l'âge de 7 ans, il quitte le château de Chalais où il a appris à lire, à écrire, à compter, et ses parents l'envoient au collège d'Harcourt. Cet établissement est situé rue de la Harpe, emplacement de l'actuel lycée Saint-Louis à Paris, où d'illustres élèves l'ont précédé, tels Racine et Boileau.

Les cours qu'il suit au collège de Harcourt sont consacrés, principalement, aux études modernes mais aussi aux humanités, avec, au programme, bien entendu, le grec et le latin. Il fait des études tout à fait médiocres en raison, se plaint-il, du peu d'encouragement prodigué par ses parents. Nous l'avons dit précédemment, à cette époque les parents délaissent leurs enfants, sans pour autant témoigner du moindre sentiment de culpabilité. D'ailleurs si le petit Charles-Maurice a quelques problèmes avec son père, il aime par contre beaucoup sa mère, qui pourtant ne le lui rend guère. Celle-ci est cependant une femme pleine d'esprit s'exprimant tout en nuance, et son fils adore sa conversation.

A 11 ans il contracte la petite vérole, ce qui est chose fréquente à cette époque. Mais, vigoureusement soigné, il a le bonheur de ne garder aucune de ces vilaines cicatrices qui vous gâtent le visage, et par-là, vous enlèvent toute chance de plaire aux femmes. Et lorsque l'on sait la place que les femmes ont occupée dans la vie de cet homme, il eut été dommage qu'en plus d'un pied difforme il eut un visage rendu disgracieux par les marques de cette terrible maladie.

CHAPITRE 3

PRÊTRE PAR INTÉRÊT DE FAMILLE

"On me force d'être ecclésiastique, on s'en repentira !"

Lorsque ses parents envisagent l'avenir de ce fils, devenu en quelque sorte l'aîné de la famille, après la mort d'un frère né avant lui et décédé peu après sa naissance, (Charles-Daniel et Alexandrine Damas d'Antigny eurent cinq enfants, quatre garçons et une fille) ils devraient tout naturellement le guider vers la carrière des armes. Hélas, son pied-bot lui interdit une telle perspective. Par conséquent, et c'est une pratique courante à cette époque, ses parents le destinent à devenir un homme d'Eglise. Le choix n'est, en réalité, pas tout à fait innocent. En effet l'état de prélat est hautement envié, et une grande famille comme celle des Talleyrand peut légitimement espérer que ce fils coiffera un jour la mitre et que la crosse épiscopale lui écherra, cette dernière étant en effet d'un grand secours pour cacher une claudication, objet de tant de malheurs pour cette famille qui craint par-dessus tout le jugement de son entourage. Raison qui peut paraître sordide, mais qui pourtant a pesé dans le choix que ses parents ont fait pour lui.

Bien sûr, à cette époque, on a déjà un ecclésiastique chez les Périgord, en la personne de l'oncle de Charles-Maurice, qui sera archevêque "in partibus" de

Trajunopole et qui deviendra plus tard archevêque de Reims puis cardinal-archevêque de Paris. Mais pour la pourpre, et qui sait, mieux encore, pourquoi pas le trône de Saint-Pierre, on se dit que deux chances valent mieux qu'une seule !

Dans ses Mémoires notre personnage s'est exprimé sur le sort que lui ont fait ses parents. Il y dit dénoncer la bassesse de leur conduite mais, fataliste, refuse de s'attarder sur cette attitude qui l'a profondément blessé. Ecoutons le récit qu'il nous en fait ; pas de mots excessifs, juste des reproches à peine voilés et pleins de sous-entendus, mais il dresse cependant un réquisitoire implacable contre les mœurs de la société en cette fin du 18ème siècle : *Cet accident a influé sur tout le reste de ma vie. C'est lui qui ayant persuadé mes parents que je ne pouvais être militaire, ou du moins l'être sans désavantage, les a portés à me diriger vers une autre profession. Cela leur parut plus favorable à l'avancement de la famille. Car dans les grandes maisons c'était la famille que l'on aimait bien plus que les individus, et surtout que les jeunes individus que l'on ne connaissait pas encore. Je n'aime point à m'arrêter sur cette idée... je la quitte.*

Le jeune Talleyrand sera donc prêtre par intérêt de famille, malgré son peu de goût pour les choses de la religion et une vocation plus que timide. Il est tout de même expédié à Reims, près de son oncle qui est alors coadjuteur de l'archevêque. On se soucie fort peu des aspirations religieuses de l'enfant, seul compte le fait qu'il devienne prêtre, pour acquérir une charge ecclésiastique qui lui ouvrira les portes de la fortune. Il confiera plus tard avec humour, à ce propos : *Les pères veulent toujours dispenser les jeunes gens de passer par les plaisirs qu'ils ont connus !* Le petit Charles-Maurice se résigne, mais il n'en exprime pas moins sa désapprobation : *Ils veulent faire de moi un prêtre, eh bien ! vous verrez qu'ils feront de moi un sujet affreux !* Il s'exclame même, en signe d'avertissement : *On me force d'être ecclésiastique, on s'en repentira !* Il est vrai que l'Eglise aura maintes occasions de s'en repentir !

Ayant séjourné un an à Reims, il se laisse conduire au séminaire de la rue Saint-Sulpice où la discipline est extrêmement sévère : levé à 5 heures, il partage son emploi du temps entre la prière, les études et les cours à la Sorbonne ; il a alors 16 ans. Encore plein de rancœur contre ses parents qui lui ont préparé un avenir auquel il répugne, il constate amèrement : *Le respect que je dois à ceux de qui j'ai reçu le jour ne me défend pas non plus de dire que toute ma jeunesse a été conduite vers une profession pour laquelle je n'étais pas né.* Charles-Maurice se renferme sur lui-même, reportant son ressentiment sur ses supérieurs et ses camarades. D'ailleurs il n'a pas d'amis ; il est presque toujours seul, mais en revanche il travaille énormément, et avec beaucoup d'application, pour en quelque sorte se venger de cette société qui l'a mis à l'écart. Plus tard il expliquera ainsi son attitude d'alors : *J'étais indigné contre la société et je ne comprenais pas comment, parce que j'étais affligé d'une infirmité d'enfance, j'étais condamné à ne pas occuper la place naturelle qui me revenait.*

Avec l'intuition, qu'il conservera tout au long de son existence, il va à l'essentiel pour acquérir le savoir qu'il croit nécessaire à sa future condition. En fait, à cette période de sa vie, il n'a pas encore découvert ce qu'il formulera plus tard de si jolie manière : *Il y a trois sortes de savoirs : le savoir proprement dit, le savoir-vivre, et le savoir-faire, les deux derniers dispensant assez bien du premier !*

Le temps passant, il s'habitue à son nouvel état, et,

peu à peu, la vie au séminaire lui paraît moins pesante. Cette solitude, qu'il doit autant à son infirmité qu'au désintéressement de sa famille, lui donne une maturité et une force de caractère peu communes chez un enfant de cet âge. C'est bien ce qu'il constate avec amertume : *Je me suis senti isolé, sans soutien, toujours repoussé vers moi ; je ne me plains pas car je crois que ces retours vers moi-même ont hâté ma force de réflexion. Je dois aux peines de mon premier âge de l'avoir exercée de bonne heure et d'avoir pris l'habitude de penser plus profondément que, peut-être, je ne l'eusse fait si j'avais eu que de petits sujets de mécontentements...*

CHAPITRE 4

LES BELLES AMIES DE MONSIEUR DE TALLEYRAND

"Circa solem girant planatae !"

Au séminaire où il est enfermé, et bien que la règle soit très stricte, il semble cependant que les pensionnaires de Saint-Sulpice prennent quelques accommodements avec celle-ci ! En effet c'est à cette époque (Charles-Maurice a alors 18 ans) qu'il s'éveille à l'amour. Il reçoit, au séminaire même, des visites galantes qui ne sont certainement pas prévues par le réglement ! Dorothée Dorinville, (ayant pour nom de théâtre celui de Luzy) dont il a fait la connaissance à la sortie de la messe dominicale en la raccompagnant chez elle et en lui offrant l'abri de son parapluie, Julienne, et bien d'autres, sont les premières d'une longue liste qui ne se terminera qu'au soir de sa vie. Aucune de ses conquêtes n'est, semble-t-il, choquée par le fait de pécher avec un jeune séminariste. Sans doute notre ami sait-il trouver les formules, telle celle-ci, somme toute bien apaisante pour les consciences : *C'est le repentir qui ouvre les portes du ciel, mais pour se repentir il faut avoir péché...*, sous-entendu : eh bien péchons !

Bien que son esprit soit très occupé par les femmes qui entrent dans sa vie, il pense également à son avenir, et s'inquiète quelque peu d'obtenir une bonne charge qui lui ouvrirait les portes de la société. Ainsi à Mme du Barry, qui le questionne sur ses bonnes fortunes, il répond non sans humour : *Ah! Madame, je me fais une bien triste réflexion, Paris est une ville où il est plus aisé d'avoir des femmes que des abbayes !*

Cependant il ne dit pas tout haut ce qu'il pense pourtant avec conviction, c'est que, pour avoir une charge, l'aide d'une femme est souvent nécessaire. C'est ainsi que, tout au long de son existence, il va utiliser, pour son plus grand profit, les femmes que le destin lui fera rencontrer. Il aura d'ailleurs maintes occasions de fréquenter Mme du Barry, et c'est elle qui lui posera un jour cette question : "Connaissez-vous, mon cher abbé, M. de Besenval, dont on parle pour commander le régiment suisse ? N'est-ce pas un sot complet comme tous les gens très grands ?" La réponse "du cher abbé" ne manque pas de finesse : *Oui, les gens de grande taille ressemblent souvent à ces maisons de six étages dont le plus haut appartement est le plus mal meublé !*

C'est en l'église Saint-Nicolas du Chardonnet qu'il reçoit les quatre ordres mineurs ; notre ami a alors tout juste 20 ans. Puis il devient bachelier en théologie, et, peu après, il est ordonné sous-diacre. Toutefois il n'en continue pas moins sa carrière amoureuse, en grand séducteur qu'il est devenu. Ce n'est pourtant pas son physique qui attire les femmes, mais bien plus sa courtoisie, sa brillante conversation, et parfois même son cynisme, lorsqu'il lance un trait piquant, à l'adresse de telle ou tel.

Charles-Maurice aime par-dessus tout amuser les femmes par ses mots d'esprit, qu'il fait parfois au détriment d'une autre femme, à l'image de cette anecdote. Lors d'une soirée, voyant passer près de lui une femme d'une maigreur extrême (elle n'a presque pas de poitrine) et qui de plus arbore un décolleté vertigineux, il ne peut s'empêcher de lancer à sa voisine, suffisamment fort pour que chacun l'entende : *En vérité, il est impossible d'en découvrir davantage et d'en montrer si peu !* Cela démontre que notre personnage a des idées bien arrêtées sur les femmes, et sur la manière qu'elles mettent à montrer leurs avantages. Pour illustrer ce propos, il suffit de rappeler cette remarque frivole et légère qu'il fit un jour : *Quand ce que l'on montre est joli, c'est indécent, quand ce que l'on montre est laid, c'est... très laid !*

Pour cet amateur de jolies femmes, les conquêtes se succèdent à un rythme élevé et pour comprendre un peu les raisons de ses succès il faut se l'imaginer tel que Greuze l'a peint : habit bleu, gilet blanc, culotte chamois, le cou enveloppé de haute et fine batiste ; encore qu'il faille être très prudent sur cette description car depuis que Théodore Piguet s'est penché sur l'histoire de ce tableau, il a démontré que Talleyrand n'a sans doute pas servi de modèle au célèbre peintre. Quoi qu'il en soit, son magnétisme opérant, la duchesse de Luynes, la vicomtesse de Laval, la duchesse de Fitz-James, la princesse de Vaudémont, la comtesse de Montesson succombent au charme du sous-diacre de Talleyrand. Communion des esprits bien plus que communion des corps, car notre ami n'est pas un "stakhanoviste" de l'amour, mais bien davantage un charmeur insatiable, plein de finesse et d'esprit. La définition qu'il donne de l'amour exprime toute l'attention qu'il porte à celles qu'il veut séduire : *Il entre dans l'amour : l'ambition de posséder, l'émulation d'arriver, la joie de faire des jaloux, la gloire du succès, le chagrin d'être privé. Toutes nos facultés sont employées au profit de cette passion, c'est pourquoi elle nous prend tout entier.*

La vicomtesse de Laval fait partie, avec la duchesse

de Fitz-James et la duchesse de Luynes, de ce que l'on appelle "le trio." Charles-Maurice, lui-même, qui nous confie : *C'est du sacre de Louis XVI que datent mes liaisons avec plusieurs femmes que leurs avantages dans des genres différents rendaient remarquables, et dont l'amitié n'a pas cessé un moment de jeter du charme sur ma vie. C'est de Mme la duchesse de Luynes, de Mme la duchesse de Fitz-James, de Mme la vicomtesse de Laval que je veux parler.*

Il faut s'arrêter à elles et les mieux connaître, pour arriver au cœur secret de notre cher homme. Elles forment "l'armée des femmes" qu'il sait si bien entretenir autour de lui, et qu'il utilise tant et plus, parfois sans vergogne, souvent sans scrupule, presque toujours sans gratitude. Il est en quelque sorte le soleil autour duquel gravitent d'assez nombreuses planètes, parmi lesquelles on compte quelques nébuleuses dont on ne sait trop si elles furent vraiment ses maîtresses. "Circa solem girant planatae !" a dit le poète.

Parmi ces "nébuleuses" on peut citer la duchesse de Montmorency, née Anne-Louise Caroline de Goyon-Matignon. Casimir Carrière, dans son excellent ouvrage "Talleyrand amoureux", en dresse un joli portrait : "Dame du palais de Joséphine, c'est une resplendissante jeune femme de 33 ans, d'un naturel peu farouche et d'esprit aussi bien tourné que sa personne. Elle avait un "je-ne-sais-quoi" qui n'échappe jamais aux hommes à bonnes fortunes." Aucune preuve formelle ne peut être apportée sur une éventuelle liaison entre ces deux êtres. Seul un rapport de Fouché, daté du 24 janvier 1808, laisse supposer que les relations de la duchesse avec notre ami sont empreintes d'un "je-ne-sais-quoi" auquel tous deux n'ont pu résister ! En effet la communication du ministre de la Police précise : "Dans le faubourg Saint-Germain on parle des amours du prince de Bénévent pour Mme de Montmorency ; colère de Mme de Talleyrand."

Par contre, Catherine-Jeanne Tavernier de Boullongne, vicomtesse de Laval-Montmorency, qui vécut 86 ans, ne peut être rangée dans la catégorie des "nébuleuses." "Ses amants furent nombreux dit le général de Montesquiou, son premier goût s'est porté dans la famille de son mari, sur le duc de Luxembourg. Elle s'est rapprochée ensuite en prenant son beau-père, le duc de Laval. M. le duc de Choiseul est venu depuis, M. Calonne ensuite, puis l'évêque d'Autun, sans ce que je ne sais pas." Mon général, vous oubliez Armand de Gontrant duc de Lauzun, ainsi que l'élégant et mystérieux comte de Narbonne !

La vicomtesse de Laval-Montmorency est une jolie femme aux yeux noirs et veloutés, vive et spirituelle, possédant un charme irrésistible, doublé d'une fantaisie parfois excentrique. La voici telle qu'on nous l'a décrite. On raconte à son propos qu'un jour elle a fait le pari d'aller à un bal où elle n'était pas invitée. Pour entrer elle se glisse dans le clavecin et, au moment où les musiciens attaquent le premier morceau, la belle Catherine-Jeanne en sort toute parée de fleurs, mais presque à moitié nue ! C'est chez elle que Talleyrand préfère se rendre, lorsqu'il est en veine de confidences. Curieux détail, elle mourut un mois et demi après lui.

Quant à Guyonne-Elisabeth-Joseph de Laval-Montmorency, duchesse de Luynes, si elle trompe son mari, qui peut bien lui en faire le reproche ? "Celui-ci est fort gros, nous révèle la duchesse d'Abrantès, son embonpoint est une véritable infirmité. Sa femme n'est pas très jolie, on remarque cependant sa taille d'une rare sveltesse ; elle a un cœur fait pour aimer sous une apparence rude et sévère." A propos de l'obésité du duc de Luynes, le comte de Montesquiou nous dresse un tableau peu ragoûtant : "C'est la plus immense masse de chair qu'on eût connue. Il s'endort partout, à table comme ailleurs. Sa place était échancrée afin de loger son ventre. Il avait le propos plus qu'égrillard. Je l'ai entendu dire à haute voix des plaisanteries les plus obscènes. Quoique ce fût le personnage qui tenait le plus de place dans son salon, c'était celui dont on s'occupait le moins ! On laissait dans un coin rêvasser et dormir cette masse de chair qu'on s'étonnait de voir remuer et changer de place."

La comtesse Potocka est moins conciliante envers la duchesse, lorsqu'elle nous livre sa pensée : "Elle aime "solidement" M. de Talleyrand mais c'est un personnage curieux. Elle est bâtie comme un gendarme et mise comme la femme la plus vulgaire. Elle joue avec rage. Elle a une voix de stentor, rit aux éclats et fait de l'opposition avec une rare grossièreté. Le tout passe pour de l'originalité. Il est même convenu d'admirer la noblesse et la fermeté de son caractère, ainsi que la constance de ses opinions." Le marquis de Castellane, confirmant certains jugements de la comtesse Potocka, rapporte à propos de la duchesse de Luynes une bien curieuse anecdote : "Cette grande dame, une des plus étranges de son époque, prétendait croiser le fer avec son époux. Le comte d'Artois et M. de Talleyrand, ses témoins, eurent grande peine à l'en empêcher !" Quel dommage, messieurs ! vous nous avez privés d'une scène savoureuse et pour le moins inédite : la duchesse de Luynes se battant en duel contre son mari, avec pour témoins, le futur roi de France Charles X, et le futur évêque d'Autun, et ministre de Napoléon !

La dernière composante "du trio", Marie-Claudine-Sylvie de Thiard de Bissy, duchesse de Fitz-James, épouse, à l'âge de 15 ans, Jacques-Charles de Fitz-James, libertin effréné. Lescure nous raconte le repas offert par le duc de Chartres, futur Philippe Egalité, quelques jours avant le mariage de son ami : "Cet enterrement de vie de garçons, d'un faste inouï, fit les choux gras de la Cour. On l'appela "le souper des veuves." A l'entrée, un valet de chambre en grand deuil et des demoiselles éplorées, dont la nudité à peine voilée se devinait sous des crêpes transparents, reçoivent les invités ; puis ces accortes pleureuses les conduisaient dans une chambre toute tendue de noir, où les flambeaux de l'amour s'éteignaient pour faire place à ceux de l'hymen... Pour consoler ces pauvres affligées, ces messieurs firent un souper bien gaillard qu'ils poussèrent très avant dans la nuit."

En plus de ces trois grâces, Charles-Maurice rencontre, au gré de ses soirées de nombreuses autres femmes, parmi lesquelles Louise-Auguste-Elisabeth-Colette de Montmorency, princesse de Vaudémont. Il faut écouter Vitrolles nous parler d'elle, lorsque cette dernière a tout juste 15 ans, époque de son mariage avec Joseph-Marie de Lorraine, prince de Vaudémont : "La princesse est belle, élancée, blanche comme un lys mais faible et languissante comme une fleur étiolée. Elle est sujette à des maux de nerfs tels qu'on n'en voit point de semblables à une époque où pourtant le plus grand nombre des jeunes femmes en sont attaquées. On n'a trouvé d'autre remède, lorsque ces crises violentes s'emparent d'elle, que de la jeter dans un cabinet soigneusement matelassé de tous côtés. Elle s'y débat aussi longtemps que dure l'attaque et finit par s'endormir d'un sommeil léthargique."

Heureusement, plus tard, Louise de Montmorency va se transformer, et le lys deviendra une belle fleur que chacun rêvera de cueillir.

Sa première rencontre avec notre personnage se situe vers l'année 1784, elle est âgée de 20 ans et lui vient tout juste d'en avoir 30. Arrigon raconte qu'à l'instant même où ils se virent, ils se plurent. C'est grâce à Fouché qu'elle a pu regagner la France après la tourmente. Il devient ainsi son ami, qu'elle surnomme "la fouine." Lui en retour l'appelle affectueusement "la reine des hiboux" car elle ne se couche jamais avant l'aube et dort une bonne partie de la journée. La princesse sera une personnalité très influente sous le Consulat et l'Empire. Après quelques séparations Louise et Charles-Maurice renouèrent de tendres liens pendant la Restauration. Arrigon nous précise la nature de leurs relations : "A l'hôtel de Luynes, comme ailleurs, la princesse et Talleyrand se rencontraient avec dilection. La princesse gardait une place très particulière dans le cœur du vieux séducteur. L'un et l'autre se permettaient des infidélités mais le souvenir des jours anciens créait entre eux un lien indestructible qu'ils étaient toujours prêts à renouer."

Notre ami, comme avec la vicomtesse de Laval, aime à s'épancher auprès de la princesse de Vaudémont et à lui confier ses projets et ses idées. Et lorsque par bonheur elle les approuve, il repart, l'esprit enfin apaisé. C'est Charles-Maurice qui donnera le goût des jeux de la politique à cette femme, qui dans sa jeunesse a connu les affres des crises de nerfs. Maintenant elle a beaucoup changé et l'on recherche le plaisir de sa compagnie pour sa beauté, son intelligence, et la justesse de ses raisonnements.

Si elle aime beaucoup les animaux, et elle en a de nombreux, elle s'occupe bien davantage encore des pauvres et des déshérités. Il est à ce sujet une jolie anecdote qui le montre bien. Un jour, quelqu'un demande à Talleyrand l'adresse de la princesse. *Rue Saint-Lazare* répond celui-ci, et, ne se souvenant plus exactement du numéro, il ajoute : *Vous n'aurez qu'à demander au premier pauvre que vous rencontrerez, tous connaissent sa demeure.* Lorsqu'elle mourra en 1832, Charles-Maurice en éprouvera une immense peine.

CHAPITRE 5

L'AMBITION DÉMESURÉE DE L'ABBÉ DE PÉRIGORD

"On ne va jamais aussi loin que lorsque l'on ne sait pas où l'on va !"

A l'âge de 21 ans, il obtient la charge d'abbé commendataire de l'abbaye de Saint-Denis de Reims, et perçoit la rente de 18.000 livres qui lui est attachée. Dès lors il va savourer l'orgueilleux plaisir de suffire, par lui-même, aux nécessités de son existence. Il s'installe dans un pavillon situé rue Saint-Dominique. C'est une petite maison de deux étages sur entresol comportant six fenêtres qu'il loue 2454 livres 12 sous. Le voici à deux pas de chez ses parents, mais surtout au milieu du jardin des religieuses du Carmel et des chanoinesses de Saint-Sulpice. Et l'abbé de Périgord va beaucoup aimer la compagnie des dames de Bellechasse ! Voici que commence pour lui la lente ascension qui le portera tout en haut de l'échelle sociale. Mais attention l'abbé, prenez garde à ne pas brûler les étapes, la chute en serait d'autant plus rude !

Le 11 juin 1775, il assiste au sacre de Louis XVI, dernier roi de droit divin. Par un de ces curieux raccourcis dont l'histoire est fertile, à cette cérémonie, "tout près de M. de Talleyrand, siègent le comte de Provence, déjà grassouillet, qui deviendra le gros malin Louis

XVIII, et son frère le comte d'Artois, grand dadais et joli cœur, qui sera le piètre Charles X et que notre ami accompagnera ici même à son sacre, un demi-siècle plus tard."

Après deux ans d'études à la Sorbonne, il prépare sa licence en théologie. Et à qui dédie-t-il sa thèse ?... à la Sainte-Vierge ! Le jeune abbé, malgré la vie dissolue qu'il mène, n'a décidément aucun scrupule. Il n'est peut-être pas encore immoral mais pour le moins on devine déjà l'être complétement amoral qu'il va devenir. Ce qui d'ailleurs ne l'empêche pas d'obtenir tout de même sa licence ; en cette même année 1779, le 6 septembre, il devient prêtre à la chapelle de l'archevêché Peu après, lui qui montre, déjà, un si gros appétit pour une ascension sociale sans limite, est nommé vicaire général du diocèse de Reims, le 19 décembre 1779. Le seul véritable ami qu'il ait eu à cette époque, Choiseul-Gouffier, neveu du duc de Choiseul, ministre de Louis XV, s'interroge devant l'ampleur de son ambition : "Où vas-tu l'abbé ?" s'inquiète-t-il, *Au sommet, jusqu'à la pourpre !* répond le nouveau vicaire général. Sans doute ce dernier songe-t-il aux grands destins qu'il ambitionne, et même s'il ne devine pas encore tout à fait où le dirigent ses pas, il sait, par contre, comme il l'exprime si bien : *On ne va jamais aussi loin que lorsque l'on ne sait pas où l'on va !*

Charles-Maurice est alors âgé de 25 ans. Il est grand, 5 pieds 5 pouces 1/2, c'est-à-dire un peu plus de 1 mètre 76, même si, paraît-il, il a rectifié sa taille sur son passeport en l'agrandissant de quelques centimètres ! Son visage est gracieux, ses joues rondes et ses yeux clairs couleur de jonc. Il a des cheveux blonds qu'il saupoudre largement chaque matin. Désormais ses revenus lui permettent de vivre de manière aisée et de poursuivre ainsi une vie amoureuse bien remplie. A dire vrai, il n'est pas un amant exceptionnel, mais plein de douceur et de délicatesse, qui aime à dire ce mot délicieux, (que l'on a prêté aussi au prince de Ligne) pour expliquer sa soif de conquêtes : *En amour il n'y a que le commencement qui soit charmant, je ne m'étonne donc pas que l'on trouve tant de plaisir à recommencer si souvent !* Ses amies le décrivent malicieusement "plus suaviter in modo que fortiter en re." Il a de nombreuses liaisons, souvent très courtes, mais cependant non exemptes de fidélité.

Ses maîtresses du moment cohabitent avec les anciennes, et il n'est pas rare qu'il renoue des liens intimes avec d'ex-maîtresses, auxquelles il gardera toujours une tendresse qui ne se démentira jamais. En réalité notre séducteur n'a pas le sens de la fidélité amoureuse, mais il faut reconnaître qu'il ne l'exige pas non plus de ses maîtresses. A la Cour et dans les salons parisiens où il est reçu avec beaucoup d'égards, on a coutume d'appeler ce ballet de jolies femmes "la société Talleyrand". On peut cependant lui trouver des excuses dans la légèreté de son temps, en rappelant qu'il est contemporain du marquis de Sade et de Choderlos de Laclos, et qu'il a lu, depuis longtemps déjà, les "Liaisons dangereuses" et le "Portier des Chartreux".

En 1778, il est l'amant de Louise-Julie-Constance de Rohan, comtesse de Brionne. C'est à elle qu'un jour Louis XV demanda, non sans arrière-pensée : "Par où va-t-on chez vous, Madame ?" La réponse qu'elle fit au roi ne manque pas d'à-propos : "Par la chapelle, sire !" Et le roi se le tint pour dit ! Axel de Fersen qui l'a bien connue nous parle d'elle : "Creutz, ambassadeur de Suède, me mena chez la comtesse de Brionne qui nous reçut dans son cabinet de toilette ; je la trouvai très bien quoique d'un certain âge (elle a quarante ans), mais elle est grande, bien faite et jolie de visage, fort aimable et gaie. Je la vis faire une partie de sa toilette, ce qui m'amusa très fort."

La belle comtesse de Brionne, par l'intermédiaire de Choiseul, guide et contient l'influence des femmes sur la politique dans les salons parisiens. Cette attitude a fini par irriter Turgot déjà vieillissant qui lui en fait le reproche : "Sachez, Madame, que le règne des femmes est terminé !" La réponse de la comtesse ne se fait pas attendre : "Oui Monsieur, mais pas celui des impertinents !" Et en plus de sa beauté, elle a de l'esprit ! Heureux homme que M. de Talleyrand !

Pour notre ami, l'année 1784 est "l'année Brionne." En effet il est l'amant de la mère puis tombe amoureux de la fille, Charlotte de Lorraine, puis de la seconde fille, et enfin de la belle-fille, la princesse de Vaudémont ! Cette situation particulière a pourtant des précédents, si l'on songe que Louis XV a été l'amant des cinq filles du marquis de Nesles ! Désireuse d'écarter des rivales bien dangereuses, Mme de Brionne intervient en haut lieu, pour faire obtenir à son amant le cardinalat ; excusez du peu !

Poursuivant dans cette voie, il s'éprend d'Adélaïde Filleul de Flahaut de la Billarderie, future Mme de Souza, et il ne fait aucun doute qu'elle ait conquis facilement le cœur de notre ami. Il suffit pour s'en convaincre de lire attentivement la description qu'il en a faite, et que nous a rapportée Maricourt : "Elle est mieux que jolie, mise avec élégance, sans recherche qui rehausse sa démarche noble et aisée. L'ovale du visage chez elle est très pur, et l'opulence de sa chevelure châtain, qui semble friser naturellement sans la poudre, fait ressortir la blancheur du teint éclairé par deux yeux bruns, les plus beaux yeux du monde ! Ses yeux spirituels et provocants, sous des paupières aux longs cils frémissants, donnent à son regard et à toute sa personne une étrange séduction."

En effet, Adélaïde de Flahaut est une très belle femme. D'un raffinement extrême, elle est de plus dotée d'un esprit très charmant et si primesautier ! C'est elle qui donne cette définition particulièrement délicieuse de l'optimisme : "Pour moi, voyez-vous, le comble de l'optimisme, c'est de commencer son testament par cette phrase : Si par hasard je meurs..." Elle est mariée au comte Sébastien de Flahaut, de 35 ans son aîné. De sa liaison tumultueuse avec notre ami, naît un fils qui reçoit le doux prénom d'Auguste-Charles-Joseph ; le deuxième prénom fait beaucoup jaser ! Cet enfant dont tout porte à croire qu'il est le fils de Talleyrand, deviendra le père du duc de Morny. Mme de Flahaut au moment de la Révolution ira se réfugier en Angleterre, et plus tard, elle épousera M. de Souza, ministre du Portugal, tout juste un mois et demi après que Talleyrand eût épousé Mme Grand.

Déjà soucieux d'un avenir qu'il pressent, Charles-Maurice s'intéresse à la finance et à l'économie politique. Il trouve, auprès du banquier suisse Panchaud, un maître de très grand talent. La charge d'Agent général du clergé qui lui a été confiée l'occupe énormément, mais son travail est reconnu pour son sérieux et sa qualité. C'est pour cela que Mirabeau le recommande à Calonne, en des termes extrêmement élogieux. L'Assemblée, en remerciement de l'excellence de son travail, lui attribue une somme de 24.000 livres, ainsi qu'une gratification extraordinaire de 7.000 livres. Il n'est point de meilleure manière de récompenser l'homme d'argent qu'il est devenu. En effet, et tout au long de sa vie, ce sera, avec la recherche des honneurs et la compagnie des femmes, la principale motivation du futur prince de Bénévent.

Cette place d'Agent général du clergé, qui n'est pourtant pas un poste très important dans la hiérarchie sociale, va cependant lui servir de tremplin pour atteindre les sommets qu'il rêve de conquérir. En effet, c'est dans l'exercice de celle-ci qu'il a l'occasion de fréquenter William Pitt, chancelier de l'Echiquier, ainsi que le duc de Choiseul, ancien ministre de Louis XV ; Choiseul lui donne cet excellent conseil qu'il n'oubliera jamais de mettre en pratique : "Un ministre doit être un homme de Cour. Dans mon ministère j'ai toujours plus fait travailler que je n'ai travaillé moi-même. Il ne faut pas s'enterrer sous les papiers. Entourez-vous d'hommes capables de débrouiller les papiers. Il faut faire travailler ceux qui travaillent, alors la journée a plus de vingt-quatre heures. Sortez de votre bureau, car un ministre qui va dans le monde peut être, à tout instant, averti d'un danger, il peut le deviner, même dans une fête ; et qu'apprendra-t-il dans ses bureaux s'il y est sans cesse enfermé ?"

Faites travailler les autres, voilà bien un postulat qui plaît à notre personnage, lui qui en effet avoue : *Moi qui suis paresseux et qui trouve du plaisir à l'être !* C'est également dans l'exercice de sa nouvelle fonction d'Agent général du clergé qu'il apprend à connaître tous les rouages des finances de l'Eglise. Cette connaissance lui sera d'une grande utilité au moment de la Révolution, comme nous allons le constater bientôt.

Pour être à la mode, il consent à fréquenter Voltaire, et très vite il tombe sous le charme de François-Marie Arouet, prince de l'esprit, dont il adore les idées philosophiques et surtout les formules à l'emporte-pièce à l'image de celle-ci : "Adorez Dieu, servez les rois, aimez les hommes." On peut toutefois se demander si l'admiration qu'il porte à l'auteur de Candide va jusqu'à suivre les préceptes du maître ! Il a si bien été conquis par Voltaire que plus tard il affirmera qu'il n'aurait pas signé le traité, si celui-ci n'avait pas prévu le rattachement de Ferney à la France.

Pour être dans le ton de son époque également, et bien qu'il ait embrassé "la carrière religieuse", il s'inscrit à plusieurs grandes loges maçonniques. Il faut dire que l'exemple vient de haut ; en effet, c'est le duc de Chartres, puis d'Orléans, futur Philippe Egalité, qui est alors grand maître de la Franc-maçonnerie. Pourtant, et par prudence, il doit bien vite mettre une sourdine à ses activités, s'il ne veut pas compromettre ses chances d'obtenir la mitre dont il rêve déjà. Il convient tout de même de dire qu'il fut le co-fondateur, avec le duc d'Orléans, de la loge des Philalètes qui se trouve à l'origine du célèbre club des Jacobins.

CHAPITRE 6

MONSIEUR D'AUTUN

"Desidero videre vos"

Le temps passe et bien entendu Charles-Maurice commence à s'impatienter devant la lenteur à obtenir un évêché. En effet un "de Talleyrand" ne saurait se contenter de la position subalterne qu'il occupe présentement, fut-elle celle de vicaire général de Reims ; d'autant plus qu'il sait par expérience (celle de Richelieu et celle de Mazarin) qu'il lui faut accéder à des fonctions religieuses plus importantes, s'il désire un jour s'occuper de politique. Il va devoir attendre neuf longues années, lui si fier et si désireux de s'élever rapidement dans l'échelle sociale. Cette interminable attente le mortifie ; il en éprouve un vif ressentiment à l'égard de l'Eglise, qu'il conservera longtemps, et qui explique certaines attitudes et certains comportements qui seront les siens plus tard.

Pour faire avancer les choses, il fait intercéder son père en sa faveur auprès de Louis XVI. C'est bien la seule fois qu'il utilisera sa famille pour obtenir ce qu'il désire avec tant d'ardeur. Mais après tout, c'est bien sa famille qui l'a poussé dans cette voie contre sa volonté ! Son père, qui fut jadis menin du Dauphin, est gravement malade, aussi use-t-il de son état pour apitoyer le roi. Ce dernier finit par céder, malgré les avertissements donnés par la hiérarchie catholique, justement effrayée par les frasques de l'abbé de Périgord. Pourtant Louis XVI lui-même très pieux a quelque peu hésité à nommer cet évêque chez qui, dit-il : "Le Saint-Esprit n'est que l'esprit tout court !" Même les protestations de la mère du futur évêque qui s'oppose ainsi à sa nomination, arguant du penchant de son fils pour les femmes et les cartes, ne découragent pas le souverain. Ce dernier, pour calmer les inquiétudes de Mme de Talleyrand, se contente de lui affirmer péremptoirement : "Cela le corrigera !"

C'est ainsi que Charles-Maurice devient évêque d'Autun, par une déclaration du roi en date du 2 novembre 1788 proclamant : "Bien informé des bonnes vie et moeurs, piété, doctrine, grande suffisance et des autres vertueuses recommandables qualités qui sont dans la personne du sieur Charles-Maurice de Talleyrand-Périgord, Sa Majesté, se promettant qu'il emploiera avec zèle et application tous ses talents pour le service de l'Eglise, lui a accordé et fait don de l'évêché d'Autun..." On a beau se dire que cette formule est conventionnelle et purement protocolaire, elle prend ici un aspect singulièrement ironique. Hélas, son père décède le surlendemain ; mais celui-ci quitte notre monde, tout heureux de la nouvelle qu'il vient d'apprendre, ignorant que la nomination de son fils, si fortement souhaitée, sera en quelque sorte le prélude à des événements qui affecteront la France entière ainsi qu'une bonne partie de l'Europe.

La cérémonie de consécration du nouvel évêque a lieu le 16 janvier 1789, dans la chapelle de la Solitude à Issy. C'est à l'instant même où il reçoit l'onction des mains qu'il s'évanouit. Emotion d'un moment exceptionnel dans une vie déjà tumultueuse ou conscience du sacrilège qu'il vient de commettre ? Il est bien difficile de se prononcer, tant l'âme de ce personnage comporte de recoins parfaitement insondables !

Le diocèse d'Autun qu'il vient de recevoir est de peu de rapport, malgré ses trois sources de revenus : Beaune, Moulins et Vézelay, tout juste 22.000 livres de rente. Le roi lui adjoint les recettes de l'abbaye de Celles, ce qui porte les revenus de notre ami à 52.000 livres par an, soit environ 250.000 de nos francs actuels. C'est-à-dire de quoi lui permettre d'assouvir quelques-unes de ses passions favorites que sont le jeu et l'agiotage.

Le voici consacré évêque d'Autun, mais il se soucie de ses diocésains comme de sa première soutane ! Il se contente de leur adresser une lettre d'une hypocrisie invraisemblable, qu'il intitule, plagiant Saint Paul : *Desidero videre vos* que l'on peut traduire par : *Je brûle du désir de vous voir.* Lettre dans laquelle il écrit notamment : *Depuis le jour, nos très chers Frères, où le choix de Sa Majesté nous a appelé à vivre au milieu de vous à chaque instant, nous avons pu dire ce que Saint Paul écrivait aux Romains* : "Dieu m'est témoin que je ne cesse de penser à vous. (Testis est mihi Deus quod sine intermissione memoriam vestri facio.) *Oui, souffrez cette expression, nos très chers Frères, vous êtes devenus notre douce et unique occupation.*

Pourtant ce n'est que deux mois après sa nomination qu'il condescend à rejoindre son diocèse pour y occuper, curieuse coïncidence, le même siège que Léger, évêque d'Autun et maire du palais d'Austrasie, surtout connu pour le talent qu'il avait de faire et de défaire les rois !

Si notre ami tarde tant à rallier la Bourgogne, c'est qu'il lui faut bien tout ce temps pour liquider ses affaires financières en cours et pour prendre congé de ses nombreuses maîtresses auxquelles il consacre le reste du temps dont il dispose lorsqu'il ne joue pas au whist. Tout cela, on peut s'en rendre compte, ne lui laisse guère le loisir, comme il le prétend, de penser à *ses très chers Frères* qui l'attendent dans son diocèse.

Arrivé à Autun le jeudi 12 mars, il installe son bureau dans l'ancienne tour Saint-Léger qui orne ce bel évêché édifié au XVII° siècle. Pendant le court séjour qu'il va faire ici, il ne dira qu'une seule messe, le dimanche de l'Annonciation. Ce sera une véritable catastrophe ; mélangeant les répons, et intervertissant l'ordre de la cérémonie, il jette la consternation parmi l'assemblée des fidèles.

Mais bien plus que l'intérêt qu'il porte à sa nouvelle charge, c'est la tenue prochaine des Etats généraux devant avoir lieu le 5 mai 1789 qui guide sa conduite à Autun. En effet, il espère bien être élu député de l'ordre du clergé, et, pour ce faire, il se montre beaucoup en ville. Il a pris également la précaution de s'informer de l'état d'esprit des prêtres de son diocèse qu'il sait, pour l'heure, être conquis par les idées nouvelles d'égalité des droits et de représentation nationale. Sous l'impulsion du nouveau vicaire général des Renaudes, de jeunes prêtres dûment "sermonnés", se chargent de faire l'éloge de leur évêque.

Notre personnage ne néglige pas pour autant l'aspect plus matériel des choses, et pour cela il tient table ouverte à l'évêché où rien ne manque. Les mets les plus fins, les vins les plus capiteux y sont servis à profusion en cette fin d'hiver 1788-1789, alors qu'un froid d'une exceptionnelle rigueur a réduit l'ensemble de la population à une misère qui contraste singulièrement avec les fastes épiscopaux. La famine est aux portes de la ville, et il fait si froid que, l'encre gelant dans les encriers, on a été contraint de fermer les écoles.

Profitant de ses visites en ville, il porte la bonne parole, sans omettre de distiller ses idées politiques en vue de son élection. Il prône un renforcement du droit de propriété, et l'application de peines identiques pour tous, quelle que soit la qualité de celui à qui elles sont décernées. Dans le domaine économique, il lui paraît indispensable de rétablir le crédit public, sans toutefois faire appel à l'impôt. Mais, pour réaliser cet objectif, il faut abolir les privilèges pécuniaires et vendre les domaines. Cependant il se garde bien de préciser sa pensée sur ce dernier point ! En fait c'est déjà un programme révolutionnaire qu'il propose au début de cette année 1789.

Charles-Maurice, après tous les efforts qu'il vient de déployer pour cela, est élu le 2 avril 1789 député du clergé d'Autun. Sans s'attarder davantage, le 12 avril, veille de Pâques, il regagne précipitamment Paris. Il n'est resté en tout et pour tout que trente jours à Autun. En fait, il s'est si peu installé dans son diocèse, que certaines de ses malles n'ont même pas été ouvertes !

Il ne reviendra pas dans son évêché avant douze années, et encore, contraint qu'il fut de s'y arrêter à la suite de la rupture d'un essieu de son carrosse. Mais quel spectacle pour les Autunois ! Pensez, leur ancien évêque devenu ministre des Relations extérieures de la République, et arborant la cocarde tricolore ! Mais n'anticipons pas, avant d'en arriver là Monsieur d'Autun, comme on l'a appelé, se sera bien renié une bonne demi-douzaine de fois.

La réunion des Etats généraux à laquelle il participe le 4 mai 1789 commence dans la liesse, par une procession au Champ de Mars, mais le discours du roi Louis XVI est maladroit et fort peu apprécié. Ce sera, en quelque sorte, le détonateur du cataclysme qui va se déchaîner peu après ; et pourtant ce jour-là, tout était encore possible pour la royauté.

CHAPITRE 7

LA RÉVOLUTION

"Dans les temps de révolution, on ne trouve d'habileté que dans la hardiesse et de grandeur que dans l'exagération !"

A Paris la discorde règne entre les trois ordres, Louis XVI hésite, tergiverse et refuse de recevoir Charles-Maurice qui pourtant propose un développement et un renforcement de l'autorité royale. Ce refus conduit notre ami, bien que conservateur dans l'âme, à changer de camp et dès lors, les événements se précipitent. C'est le soulèvement du peuple de Paris et la prise de la Bastille, la Révolution est en marche.

Cette Révolution, cela est aisément imaginable, est l'aboutissement et l'éclatement de nombreux facteurs. Les causes et le cheminement, si complexes, ont été analysés et disséqués par nombre de spécialistes de la question, sans pour autant qu'un accord parfait les réunisse sur ce sujet. Sans doute aurait-on eu avantage à lire les Mémoires que notre personnage a écrits à la fin de sa vie. Voici son sentiment sur cette question : *Si les historiens s'évertuent à chercher les hommes auxquels ils peuvent décerner l'honneur, ou adresser le reproche, d'avoir fait, ou dirigé, ou modifié la Révolution française, ils se donneront une peine superflue. Elle n'a point eu d'auteurs, de chefs, ni de guides. Elle a été semée par les écrivains, qui, dans un siècle éclairé et entreprenant, voulant attaquer les préju-*

gés, ont renversé les principes religieux et sociaux, et par les ministres malhabiles qui ont augmenté la détresse du Trésor et le mécontentement du peuple. Il faudrait, pour retrouver la véritable origine et les causes de la Révolution, peser, analyser et juger des questions de haute politique spéculative, et spécialement soumettre à un profond et habile examen la question de la lutte entre les idées philosophiques et les préjugés, entre les prétentions de l'esprit et celles du pouvoir. Car si on n'admettait que les résultats mêmes de cette Révolution, on tomberait bientôt dans l'erreur, et on arriverait à confondre M. de Malesherbes et Mirabeau, M. de La Rochefoucauld et Robespierre.

Le 14 juillet 1789, il devient membre du comité de la Constitution. Puis survient la nuit délirante du 4 août et, peu après, Talleyrand est nommé secrétaire de l'Assemblée nationale. C'est lui, et c'est tout à son honneur, qui propose la rédaction de l'article VI de la Déclaration des droits de l'homme, traitant de la loi qui doit être la même pour tous, qu'elle protège ou qu'elle punisse, et des droits des citoyens devenus enfin égaux. C'est lui, aussi, qui donne ses fondements à l'instruction publique.

Charles-Maurice plaide la cause de la Révolution auprès de ses anciens amis, sans grand succès, et songe à s'emparer du ministère des Finances. Emporté par son enthousiasme, il fait paraître dans le "Moniteur" une adresse destinée au peuple de Paris ; en voici quelques extraits bien édifiants : *Quelle époque que celle à laquelle nous sommes enfin parvenus ! Quel honorable héritage vous avez à transmettre à votre postérité ! Elevés au rang de citoyens, admissibles à tous les emplois, censeurs éclairés de l'administration quand vous n'en serez pas les dépositaires ; sûrs que tout se fait par vous et pour vous ; égaux devant la loi ; libres d'agir, de parler, d'écrire ; ne devant jamais compte aux hommes mais à la volonté commune : quelle plus belle condition ! Pourrait-il être encore un seul citoyen digne de ce nom qui osât tourner ses regards en arrière, qui voulût relever les débris dont nous sommes environnés pour en contempler l'ancien édifice ?*

Cependant les caisses de l'Etat sont désespérément vides, car l'emprunt n'a été que de peu de rapport. Notre personnage se dit alors que, s'il parvenait à résoudre ce délicat problème financier, qu'aucun autre n'a pu régler avant lui, il aurait toutes les chances d'obtenir le portefeuille tant convoité, et que la succession de Necker lui écherrait. La solution ? Une idée fantastique, complètement inconcevable de la part d'un évêque ; et pourtant, c'est lui qui propose la vente des biens de l'Eglise, un fabuleux pactole de près de trois milliards ! Quelle traîtrise et quelle duplicité ! En effet, souvenons-nous avec quelle âpreté il avait défendu, dès 1780, alors qu'il était Agent général du clergé, *le patrimoine irrévocable et insaisissable de l'Eglise.* Il vient de mettre à exécution la menace qu'il avait proférée lorsque ses parents l'avaient obligé à entrer au séminaire de la rue Saint-Sulpice : *On s'en repentira !*

Pourtant, et en dehors de toute polémique, il faut bien admettre que les arguments avancés par Talleyrand quant à la nationalisation des biens du clergé ne sont pas totalement dénués de fondement. En effet tous ces biens, et en particulier les terres qui appartiennent à l'Eglise, sont mal exploités et parfois même complètement laissés à l'abandon, ce qui, bien entendu, nuit considérablement à leur rendement. Il est donc exact qu'une remise en pleine propriété, à des particuliers, de bonnes terres cultivables, peut apporter une richesse nationale, profitable à tous et surtout aux plus pauvres.

C'est ainsi que, le 2 novembre 1789, l'Assemblée

nationale vote ce qu'il faut bien appeler "la spoliation" des biens de l'Eglise et leur transfert à la nation, en échange d'un revenu annuel de cent millions alloué au clergé. Des bruits persistants circulent dans Paris, selon lesquels l'évêque d'Autun aurait perçu une rétribution très importante, pour cette idée si préjudiciable à l'Eglise. Mais il est vrai que l'on ne prête qu'aux riches...

Les biens du clergé se vendent plutôt mal, il faut bien le reconnaître, et c'est déjà une déception. Alors on les escompte grâce à l'émission des assignats de si funeste réputation. La Caisse d'escompte qui est chargée de ces opérations fera plus tard l'objet d'amères plaisanteries. Des esprits malicieux feront remarquer : "Cette année les chapeaux sont à la mode de la Caisse d'escompte, ils sont sans fonds..."

Pour chacun la vie est difficile, même pour Charles-Maurice qui mène grand train, et se retrouve bientôt couvert de dettes. Il convient cependant de préciser que si son train de vie est de très loin supérieur à ses moyens d'existence, sa passion pour le jeu, à laquelle il sacrifie des sommes considérables, n'arrange en rien ses affaires. Ses créanciers s'inquiètent, et chacun sonne à sa porte pour réclamer son dû. Ainsi son carrossier, qui, las d'attendre en vain un règlement qui n'arrive pas, s'en vient frapper à son huis quérir les écus qu'on lui doit. Notre ami, qui n'a pas pour l'heure les moyens d'honorer sa dette, tente de le rassurer :

Mais vous serez payé, mon carrossier !

"Certes Monseigneur, mais quand serai-je payé ?"

La réponse de Talleyrand ne manque ni de piquant ni de rouerie :

Ah! ça vous êtes bien curieux, monsieur mon carrossier !

Charles-Maurice doit célébrer la messe au Champ

de Mars, pour la fête de la Fédération, marquant ainsi le premier quatorze juillet qui suit la Révolution. Retenant les leçons de la seule messe qu'il ait dite à Autun, et se souvenant du spectacle affligeant qui en avait résulté, il décide d'effectuer une répétition la veille de cette cérémonie. C'est le comte Honoré-Gabriel de Mirabeau qui se charge d'apporter la réplique en corrigeant, quand cela est nécessaire, les erreurs de l'évêque d'Autun. Il faut dire que, pendant les années de sa jeunesse, Mirabeau a effectué plusieurs séjours en prison, (qu'il devait à l'acharnement d'un père peu conciliant) pendant lesquels il a eu tout le temps d'y apprendre la messe, car cela constituait le seul passe-temps qu'on lui proposait alors !

Quel spectacle que celui du "grêlé au mufle de fauve", soufflant les répons à notre ami, qui, en élève docile, écoute la leçon ! La petite chienne de Talleyrand, ne reconnaissant plus son maître sous les falbalas épiscopaux, se met à aboyer, puis à déchirer le bas de la soutane de l'évêque, transformant la répétition en une scène comique mais parfaitement déplacée.

Le jour attendu arrive, et Charles-Maurice célèbre la messe au Champ de Mars, devant une foule considérable, et dans la bousculade générale. La pluie vient perturber considérablement l'ordonnancement de la cérémonie, et notre ami de montrer quelque impatience : *Est-ce que ces bougres-là n'avanceront donc point ?* Le caractère bouffon de cette fête grotesque, bruyante et colorée, ne lui échappe pas et, passant devant La Fayette, il s'exclame : *Je vous en prie, ne me faites pas rire !*

C'est ce jour-là aussi que Talleyrand prend conscience de la faiblesse du roi et qu'il pressent les funestes événements qui vont survenir peu après.

CHAPITRE 8

TRAÎTRE ET PARJURE

"Jamais le Saint-Esprit n'a eu autant d'ouvrage !"

En proposant et en obtenant "la reprise" des biens du clergé par la nation, il allait être à l'origine d'un second coup de poignard dans le dos de l'Eglise. En effet, ainsi qu'il le dit lui-même : *La laïcisation et l'étatisation de l'assistance et de l'instruction, jusque-là entre les mains de l'Eglise, constituent une véritable révolution dans le rôle assigné depuis des siècles au clergé séculier ou régulier : la soudaine abolition de ce qu'il considérait tout à la fois comme des devoirs et des droits également essentiels.* Voici en quelque sorte les rôles redistribués, et l'Eglise dépouillée de ses prérogatives essentielles. Il en résulte que la nation ayant dorénavant seule le soin d'administrer, les membres du clergé vont devoir prêter serment à la Constitution civile qui s'impose à tous. C'est en tout cas le sens de la motion que dépose le "traître Talleyrand" devant l'Assemblée, ce 10 octobre 1790.

Comble de la duplicité, le même Talleyrand adresse, aux prêtres de son diocèse d'Autun, une lettre que ces derniers reçoivent deux jours seulement après qu'il ait présenté sa motion scélérate à l'Assemblée ! Et que demande-t-il à ses fidèles ? De faire des prières de *quarante heures* pour, dit-il : *Obtenir la cessation des troubles du royaume* ; troubles qu'il vient lui-même de provoquer ! La lecture du contenu de cette lettre pastorale laisse rêveur, voici la prière qu'elle contient : *Votre ferveur, ô mon Dieu, s'est enflammée contre les brebis de votre troupeau, votre main nous repoussera-t-elle ? Ah ! Seigneur, souvenez-vous d'une nation qui s'est donnée à vous dès son origine ! Ne perdez pas de vue l'alliance que vous aurez faite avec elle ! Levez-vous pour défendre sa cause, c'est la vôtre que vous défendrez !*

Nous voici parvenus au 27 novembre 1790, c'est à cette date que l'Assemblée nationale vote définitivement l'obligation faite aux membres du clergé de prêter serment à la Constitution civile. Charles-Maurice, en signe d'assentiment, adresse une lettre au clergé de Saône-et-Loire, par laquelle il lui demande de faire allégeance. Mais la réponse qui lui est faite est cinglante : "Votre apostasie n'a surpris personne ; arrivé à ce point d'opprobre, où rien ne peut plus avilir, ni dégrader dans l'opinion, vous ne devriez aspirer qu'à consommer votre iniquité et à en recueillir les fruits... L'infamie en ce monde, la réprobation dans l'autre, quel partage, grand Dieu ! Et c'est un pontife de notre sainte religion, et c'est un successeur des apôtres, qui voudrait nous entraîner avec lui dans l'abîme !..."

De même les curés de la paroisse d'Autun, dans une missive qu'ils lui font parvenir, déclarent : "Vous avez fait le serment de trahir." Et encore ces reproches écrits sont-ils relativement modérés. Il en est de plus radicaux, telle cette lettre anonyme venue d'Autun, accusant notre personnage d'être "l'ennemi juré de l'Eglise et du Christ, détruisant la religion pour le plaisir de se créer des succès de tribune à l'Assemblée." En fait l'auteur de ce libelle ne mesure pas le vrai dessein de Talleyrand, et moins encore l'exacte nature de son âme. "Il aurait mieux fait de se taire" nous dit si justement le chanoine

Denis Grivot, à qui nous devons un excellent passage sur le séjour autunois de notre ami, dans le remarquable ouvrage qu'il a consacré à cette ville.

Le pape Pie VI est complètement abasourdi par l'attitude de son évêque. Il menace même de l'excommunier s'il ne se soumet pas dans un délai de quarante jours, après lui avoir adressé un bref intitulé : "Quod aliquanta caritas", par lequel le Souverain Pontife lui signifie, avec charité, toute la peine et la douleur que la conduite de cette brebis égarée lui cause. Notre personnage, peu ému par cette menace qui pèse sur lui, écrit à un de ses amis : *Vous savez la nouvelle : l'excommunication ; vous allez me consoler et souper avec moi. Tout le monde va me refuser le feu et l'eau ; ainsi, nous n'aurons ce soir que des viandes gelées et nous ne boirons que du vin frappé !*

Isolé dans sa démarche, et devant le peu d'empressement mis par les évêques à prêter serment à la Constitution civile du clergé, Talleyrand n'a d'autre ressource que de sacrer des évêques, qui à leur tour, sacreront de nouveaux évêques constitutionnels. Des esprits pleins d'humour font remarquer : "Jamais le Saint-Esprit n'avait eu autant d'ouvrage !" Pie VI, informé de ses agissements, suspend Charles-Maurice de ses fonctions, mais celui-ci n'en est guère affecté. D'ailleurs il envoie sa lettre de démission d'évêque d'Autun le 13 janvier 1791. Désormais il signe ses lettres : *Talleyrand-Périgord, ancien évêque d'Autun.*

Quelques temps après, pour justifier les différentes positions qu'il avait prises à cette époque, et pour tenter d'expliquer la vie dissolue qu'il menait, il écrira dans le Journal de Paris du 8 février 1791 : *Je me condamne donc et je me fais un devoir de l'avouer car depuis que le règne de la vérité est arrivé (?!) le moyen le plus honnête de réparer ses erreurs est d'avoir le courage de les reconnaître.* Il oublie simplement de dire quelles sont ses erreurs. Si nous lui demandions aujourd'hui le pourquoi de cette omission, sans doute nous répondrait-il que la liste en est si longue, qu'il craindrait de nous lasser si nous devions en écouter la litanie !

Notre personnage est doté d'une mémoire sélective qui lui permet ainsi d'échapper, du moins le pense-t-il, à la critique de ses contemporains. Pour se justifier également des trahisons et des revirements qu'il a commis pendant cette même période, il dira qu'il mettait alors tous ses espoirs dans la Constitution, au service de la Nation. Mais tout de même, que la tournure des événements servait donc bien ses intérêts !

Dans ses "Mémoires", rédigés à la fin de sa vie, il tentera d'expliquer son attitude sous la Révolution : cela relève à la fois du miracle et de la gageure ! Enfin, écoutons-le tout de même : *Je me suis mis à la disposition des événements et pourvu que je restasse Français, tout me convenait ; la Révolution promettait de nouvelles destinées à la nation, je la servis dans sa marche et j'en courus les chances. Je lui vouai le tribut de toutes mes aptitudes, décidé à servir mon pays pour lui-même, et je plaçai toutes mes espérances dans les principes constitutionnels qu'on se croyait si près d'atteindre. Cela explique pourquoi et comment, à plusieurs reprises, je suis entré, sorti, et rentré dans les affaires publiques, et aussi le rôle que j'y ai joué.*

Pour qui ne connaît pas l'âme de M. de Talleyrand, cette affirmation fait de lui l'homme le plus pur, le plus dévoué et le plus désintéressé qui soit ! Juste pour écarter les esprits chagrins qui ne partageraient pas vraiment sa conviction, et avec un soupçon d'ironie, il déclare : *Je pardonne aux gens de n'être pas de mon avis, mais ce que je ne leur pardonne pas, c'est d'être du leur...*

Si cette répartie est empreinte d'une évidente mauvaise foi , un certain cynisme n'en est pas absent non plus. Le cynisme est un trait de caractère qu'il est difficile de ne pas attribuer à ce personnage, tant il en a fait preuve tout au long de sa vie. De plus, souvent chez lui, la flatterie et la duplicité l'accompagnent. A propos de duplicité, il n'est de meilleur exemple que d'évoquer ses relations avec Mirabeau. Tout au début, les rapports entre les deux hommes sont extrêmement mauvais, et parfois même violents. Mirabeau ne dit-il pas de Talleyrand : "Il n'est pas possible que Dieu fasse deux scélérats pareils par génération !" et poursuit par cette autre amabilité : "Pour de l'argent, Talleyrand vendrait son âme, et il aurait raison, car il troquerait ainsi son fumier pour de l'or !" Et pourtant ce sera "le scélérat" qui prononcera l'éloge funèbre de Mirabeau en des termes dithyrambiques : *Cet astre bienfaisant, ce tendre ami qui vient de disparaître, quelle perte, quelle affliction !*

On raconte même qu'à l'annonce de la fin prochaine de son ami, Charles-Maurice s'est précipité au chevet du moribond, ce qui a fait dire à un de leurs ennemis communs : "Le confesseur est digne du pénitent !"

S'il est exact qu'à la fin de la vie de Mirabeau, les deux hommes se sont quelque peu réconciliés, rapprochés par leur amour commun du jeu, de l'argent et des jolies femmes, la vérité oblige à dire que Talleyrand utilise ainsi l'aura du formidable orateur et l'événement de sa mort, pour assurer son propre avenir politique.

Mais, durant sa vie, lorsqu'il le fréquentait, le comte de Riqueti savait très bien à quoi s'en tenir au sujet de l'évêque d'Autun. Il n'a jamais été vraiment dupe de ses belles paroles. Pourtant il avait du mal à confondre Talleyrand et à le surprendre en flagrant délit de mensonge. Un jour cependant, il crut enfin pouvoir le prendre au piège de ses propres contradictions et il lui dit alors : "Tenez, mon cher, je vais vous enfermer dans un cercle vicieux." Mais Charles-Maurice, pressentant le danger de cette attaque, réussit à se dérober grâce à une pirouette dont il a le secret : *Eh là ! vous voulez donc m'embrasser !*

C'est sans doute pendant la Révolution que Talleyrand détesta le plus cordialement Mirabeau. Les passes d'armes furent nombreuses, à l'image de celle-ci : Un jour, devant l'Assemblée constituante, Mirabeau, tribun incomparable, énumère longuement toutes les qualités, qui selon lui sont nécessaires au futur président qui va être élu : "Nous devons choisir un homme dont le courage et les talents permettent de tout attendre, un homme qui ait la confiance du peuple et celle de la Cour, qui sache parler aux foules avec autorité et aux ministres avec compétence..." C'est alors que Charles-Maurice l'interrompt en lançant à son adresse : *Et surtout un homme qui ait eu la petite vérole !* En fait, Mirabeau c'est l'opéra, le forum, le cirque ; Talleyrand c'est davantage la sacristie et le boudoir. Au premier les grandes envolées lyriques, au second les finesses de l'esprit, à tous les deux l'incomparable talent de séduire par le verbe.

Talleyrand, hésitant encore entre la royauté et les républicains, se rapproche cependant de plus en plus de ces derniers. Il rencontre bientôt Marat, Brissot et Robespierre. Toutefois la guerre se profile. Il est urgent d'obtenir de l'Angleterre la neutralité de la Prusse, et c'est lui que l'on charge de cette mission. Il part donc pour Londres le 24 janvier 1792, avec le titre officiel de représentant de la France.

Après avoir rencontré tout d'abord William Pitt, il a un entretien avec lord Greneville. Hélas, la première impression que fait notre ami est assez désastreuse si l'on en croit les paroles de son hôte : "C'est un homme bien déplaisant, un caractère vilainement trompeur. Il manque vraiment de droiture dans son naturel et dans son cœur."

De même il est reçu avec froideur par le roi George III, mais il réussit cependant à arracher la promesse de la neutralité, qui hélas, ne sera guère respectée. Pendant son séjour, il apprend que Louis XVI et toute la famille royale ont été assiégés aux Tuileries. Ici en Angleterre, la nouvelle de ce tumulte et de toute cette agitation renforce encore les sentiments d'hostilité à son égard, au point que l'on s'écarte sur son passage, et qu'on lui tourne ostensiblement le dos. Il ne s'en émeut pas pour autant, et se contente de lâcher : *On dit de moi ou trop de bien ou trop de mal, je jouis des honneurs de l'exagération !*

Il rentre le 15 juillet à Paris, où le roi vient d'être enfermé au Temple. A la demande de Danton, il est obligé de justifier, auprès des Cours des autres pays, la déposition du roi : triste mission en vérité, pour un de Talleyrand-Périgord de la plus haute et de la plus ancienne noblesse ! Mais cette tâche peu glorieuse ne semble pas trop le rebuter. En effet il accable sans sourciller le roi de tous les défauts et de tous les maux, justifiant de cette manière la fin de la monarchie et les exactions de la Révolution. Et pourtant c'est à ce roi qu'il doit tous les bienfaits dont il a bénéficié et plus particulièrement son évêché d'Autun.

On peut penser qu'il a sans doute commis cette nouvelle traîtrise pour, en quelque sorte, donner des gages de sa totale conversion aux idées de la Révolution, et pour ainsi mieux assurer encore un avenir qu'il espère triomphant.

CHAPITRE 9

MONSIEUR DE TALLEYRAND ÉMIGRÉ... RÉVOLUTIONNAIREMENT

"Laissez passer Maurice Talleyrand allant à Londres par nos ordres"

Bien que Talleyrand ait servi les intérêts de la Révolution, on le soupçonne toujours un peu de vouloir jouer le double jeu. Comme de surcroît il n'a en rien changé son mode de vie, et qu'il fréquente toujours assidûment les salons parisiens où se réunit toute la noblesse d'alors, le voilà forcément suspect. Et puis, tout de même, il n'en reste pas moins un "de Talleyrand", c'est-à-dire un noble, avec sa fierté et son arrogance naturelles, ce qui, dans des temps de révolution, n'est pas le meilleur gage de tranquillité. C'est pourquoi, au lendemain des massacres de septembre, décide-t-il de se réfugier à Londres. Mais pour partir, il lui faut un bon motif, car, bien entendu, il ne veut pas être traité d'émigré, ce qui lui vaudrait bien des ennuis, et lui ôterait tout espoir de revenir un jour en France.

Il demande donc au pouvoir exécutif provisoire qu'on lui confie une mission temporaire qui aurait pour objectif d'instaurer la concertation avec les savants anglais, pour la mise en place d'un système uniforme de poids et mesures. Une fois vérifié, ce système pourrait ainsi être adopté par toute l'Europe. Prétexte bien fallacieux qui va lui permettre de fuir la Révolution après avoir obtenu de Danton, non sans difficulté, un passeport qu'il fait contresigner par cinq autres ministres - on n'est jamais trop prudent - lui ordonnant de se rendre en Angleterre. Le sauf-conduit que lui a remis Danton est libellé de cette manière : "Laissez passer Maurice Talleyrand allant à Londres par nos ordres." Le 10 septembre 1792 celui que Dumouriez appelle "le père la gambille", émigre donc... révolutionnairement !

Arrivé à Londres, il continue à manoeuvrer pour se faire entendre du roi, tout en conseillant Danton, sur la manière de conduire les affaires de la Révolution. Ce double jeu, qu'il affectionne tant, est cependant fort dangereux. Ainsi, lorsqu'éclate l'affaire de "l'armoire de fer", on découvre un manuscrit daté d'avril 1791 et rédigé par notre ami, dans lequel ce dernier fait des offres de service au roi Louis XVI. Par cette missive, il lui fait tenir le conseil de prendre comme aumônier un prêtre non-jureur, alors que, quelques jours auparavant, il a lui-même juré fidélité à la Constitution civile.

Sa duplicité est mise à jour de façon si éclatante et si probante, que la Convention délivre à son encontre un mandat d'amener. De plus, il est placé ainsi que presque toute sa famille, sur la liste des émigrés, et leurs biens sont immédiatement confisqués. On le fait aussitôt rechercher par voie d'affiches. Voici le signalement qu'on donne de lui : "Taille 5 pieds 5 pouces, yeux bleus, nez ordinaire un peu retroussé ; Talleyrand, dit le placard, boite d'un pied, le droit ou le gauche !" Avec une telle précision, notre ami ne risque guère d'être retrouvé. Comme de surcroît il a déjà filé en Angleterre, le voilà hors d'atteinte et à l'abri des méfaits de l'invention de ce cher monsieur Guillotin.

Par un démenti formel qu'il adresse en France, il

affirme n'avoir jamais eu aucune espèce de rapports directs ou indirects, ni avec le roi, ni avec ses conseillers. Pour une fois, M. de Talleyrand, malgré son bel esprit et son habileté à manier les idées et les mots, ne convainc personne. C'est ainsi que pour lui commence un très long exil, qui ne s'achèvera que quatre années plus tard.

A Londres, il vit modestement près de Hyde Park, où il retrouve Mme de Flahaut et le petit Charles, mais de l'un comme de l'autre, il ne se soucie guère. Les Anglais connaissent la noirceur de son âme et ses diverses trahisons, c'est pourquoi on s'écarte sur son passage. Cela lui rappelle le temps, pas si lointain d'ailleurs, lors de son dernier voyage en Angleterre, où, en mission avec Dumont, on le fuyait déjà. Dumont en a rapporté la scène : "Nous entendîmes murmurer autour de nous : voici l'ambassade française ! Des regards curieux et non amis furent de suite dirigés vers nous. Nous acquîmes bientôt la certitude que nous ne manquerions pas de place pour notre promenade, car chacun à notre approche se retirait à droite et à gauche comme si l'on craignait que l'air même que nous respirions fût contagieux !"

Toujours honni et rejeté tant par les Anglais que par les émigrés, sans oublier les révolutionnaires en France, mais peu découragé par autant d'hostilité, il courbe l'échine et se forge une philosophie, se contentant d'expliquer d'un air hautain : *Il est inutile d'exciter les citoyens à se mépriser les uns les autres, ils sont assez intelligents pour se mépriser tout seuls.*

Il n'en continue pas moins à critiquer les événements qui se déroulent en France. Son état d'émigré lui pèse déjà. Il s'en ouvre d'ailleurs à sa maîtresse de l'heure, la turbulente et explosive Germaine de Staël, à qui il fait cette confidence : *Notre rôle d'émigré tranquille ne peut honnêtement nous convenir longtemps. J'ai une grande envie de me battre, je vous l'avoue. Je vous donne ma parole que ce serait un plaisir de bien battre tous ces vilains gueux !* En attendant des jours meilleurs, il porte le deuil de Louis XVI que l'on vient de guillotiner.

S'il en éprouve du chagrin il ne le montre guère, et se console bien vite dans les bras de Mme de Staël. Il va avoir avec celle-ci une courte liaison, bien qu'ils aient eu dans le passé des démêlés mémorables dont on a fait des gorges chaudes tant à la Cour que dans les salons de la capitale. Il est nécessaire à présent de mieux faire connaissance avec Mme de Staël, car nous la retrouverons un peu plus tard dans la vie de Talleyrand, sous le Consulat, et bien après encore. Elle tient une place importante dans son existence, même s'il ne veut guère le reconnaître.

Germaine Necker, baronne de Staël, qui deviendra ensuite Mme de Rocca, est née en 1766. Au moment de son mariage elle est assez svelte ; elle n'a pas encore l'imposante stature que ses contemporains remarqueront quelques années plus tard. A vrai dire, les opinions que chacun peut avoir sur elle varient au gré des sentiments qu'on lui porte. Guibert nous la dépeint de cette manière : "Je vois en elle l'incarnation de la poésie. Ses grands yeux surtout sont extrêmement lumineux et expressifs, ses bras et ses mains remarquables, qu'elle sait mettre en valeur quand elle parle roulant entre ses doigts une fleur, une brindille, un petit rouleau de papier. Sa poitrine opulente est belle, et elle porte des robes fort décolletées."

Pour discutable que soit sa beauté, il émane d'elle une sorte de pouvoir étrange qui fascine ceux qui l'approchent. Ce sont aussi sa formidable éloquence et son extraordinaire faculté d'improvisation, qui enchantent ceux qui la connaissent. Déçue par son mari et par Lameth, son premier amant, c'est le beau Narbonne qui lui fait découvrir les joies de l'amour physique, suivi peu après par notre ami. Dès lors, nous découvrons en elle une amoureuse effrénée, épuisant ses nombreux amants, dont aucun ne peut soutenir longtemps le rythme qu'elle leur impose.

Il faut dire que Mme de Staël est très éprise de Charles-Maurice mais aussi très jalouse de Mme de Flahaut dont il a fait la conquête. "Il n'y a qu'un obstacle insurmontable au monde, dit-elle, c'est de ne plus être aimée." Extrêmement inquiète au sujet des sentiments que cette dernière éprouve vis-à-vis de notre personnage, elle décide un jour de faire dire à celui-ci laquelle des deux il préfère. Cependant elle connaît bien la légendaire perspicacité de son amant, aussi lui pose-t-elle la question de manière détournée : "Dites-moi, mon ami, si avec Mme de Flahaut nous étions dans une barque en train de couler, laquelle des deux sauveriez-vous la première ?"

Las! la réponse qu'elle reçoit ne va pas du tout la rassurer, bien au contraire, car Talleyrand, en fin diplomate qu'il est déjà, se tire de ce pas délicat par un trait d'esprit, doublé d'une pirouette habile : *Mais Madame, je suis sûr que vous nagez bien mieux que Mme de Flahaut !*

Il faut rappeler cependant que notre ami est aimé de Germaine de Staël depuis longtemps déjà ; sans doute leur liaison date-t-elle du début de la Révolution. Le secret ne fut pas gardé très longtemps, car, comme l'écrit Pierre de Lacretelle : "Quand Mme de Staël aime, elle ne peut s'empêcher d'en faire part à tout l'univers !"

Au demeurant, Charles-Maurice l'a séduite parce qu'elle était la fille de Necker, et qu'il convoitait ardemment le portefeuille de ministre des Finances. Il pensait alors que le meilleur moyen de plaire à ce père si influent était de faire la conquête de sa fille ! Il ne peut nier le côté intéressé de sa démarche. En effet, il avait si peu d'estime pour le père qu'il a déclaré à son sujet en 1788, lorsque Louis XVI a rappelé Necker : *Le roi ne pouvait faire un plus mauvais choix !* Il n'aime pas le père, mais la fille lui plaît bien tout de même, malgré sa vigueur démonstrative et souvent un peu encombrante.

La description qui a été faite d'elle donne une idée assez précise de la personnalité de cette maîtresse femme : "C'est une grande et forte femme, charpentée comme un débardeur, dont les décolletés présentent des immensités de chairs et de muscles. De larges épaules, un cou puissant, des bras d'athlète, un teint bistre, de gros traits et de gros sourcils. Elle portait des colifichets superflus. Elle se coiffait de rubans tordus à la diable d'où s'échappaient des mèches folles noires et luisantes, elle était à peine soignée. Dans ses yeux noirs, profonds, admirables, pleins de feu, se mêlait une intelligence merveilleuse. Brillante, brûlante, infatigable, elle avait une âme pleine de générosité et de la plus fine, de la plus tendre sensibilité. Dans ce cœur trop grand, trop gros, trop fort, fleurissait un exquis myosotis."

Talleyrand désoeuvré commet l'erreur de fréquenter des hommes tels que Cannings, Shéridan et Fox. Certes, ce sont des hommes de talent et d'esprit, mais ils présentent, pour notre ami, le grave inconvénient d'être opposés à Pitt. Il est souvent invité à la table de l'un ou l'autre de ses nouveaux amis tel Fox, le très brillant orateur, qu'il surprend à échanger des signes avec un jeune homme, pendant tout le temps que dure le repas. Intrigué, il demande à son voisin de table la signification de ces gestes. Celui-ci lui apprend que Fox s'adresse à son fils naturel de cette manière car ce dernier est sourd et muet. A la fois cynique et amusant, notre ami ne peut s'empêcher de s'exclamer : *N'est-ce pas étrange de dîner avec le plus grand orateur de l'Europe et de le voir parler uniquement avec ses doigts !*

CHAPITRE 10

L'EXIL AMÉRICAIN

"Ne me parlez pas de ce pays où je n'ai trouvé personne qui fût prêt à me vendre son chien !"

Par ses revirements incessants, Talleyrand a semé le vent, et la tempête survient sous la forme d'un ordre d'expulsion, en application de l'Allien Bill. Pour avoir trop assidûment fréquenté les principaux opposants au pouvoir en place, il est mis dans l'obligation de quitter l'Angleterre.

Devant tant d'adversité, d'aucuns auraient cédé au découragement et, peut-être même, recouru au suicide. Si tant est que cette pensée lui ait jamais traversé l'esprit, il l'a vite écartée. La déclaration qu'il fait alors nous montre bien qu'il a encore des choses à dire et à faire : *C'est à 39 ans que je commence une nouvelle vie, car c'est la vie que je veux ; j'aime trop mes amis pour avoir d'autres idées. Et puis j'ai à dire, et à dire bien haut ce que j'ai voulu, ce que j'ai fait, ce que j'ai empêché, ce que j'ai regretté. J'ai à montrer combien j'ai aimé la liberté que j'aime encore, et combien je déteste les Français !* Il est à noter qu'il dit : *les Français* et non pas *la France.* Avec un esprit aussi subtil, la nuance est d'importance.

C'est en vain qu'il fait appel à William Pitt, l'ordre d'expulsion ne sera pas rapporté et le 3 mars 1794, il s'embarque à bord du "William Penn". Destination : l'Amérique.

Ainsi commence, pour notre ami, une nouvelle vie dont la matérialité n'est en rien assurée.

Nous sommes au printemps 1794, Talleyrand a tout juste quarante ans. Il arrive à Philadelphie, après une traversée sans problème d'une quarantaine de jours, avec seulement 8337 dollars en poche ! Pour vivre, il se lance dans le commerce et plus particulièrement dans les transactions sur les terres. Il parcourt le nouveau continent pour les besoins de sa nouvelle fonction et parvient ainsi à New York, où il rencontre dans les rues, non sans étonnement, des vaches et des cochons, mais aussi des esclaves enchaînés. Le nouvel émigré sent bien que cet immense pays est plein de ressources, mais il déplore que pour faire fortune il faille déjà être nanti ; c'est ce qu'il écrit à Mme de Staël : *Jusqu'à présent je n'ai pas vu grand-chose. Il y a ici beaucoup d'argent à gagner, mais c'est pour les gens qui en ont déjà !...*

Mme de Staël est plongée dans le plus affreux des désespoirs depuis qu'elle a appris la nouvelle du départ de son amant pour l'Amérique ; elle ouvre son cœur à Narbonne, son confident du moment : "Ah! Quel déchirement cette nouvelle m'a causé! A peine si je puis vous écrire, tant mes yeux sont abîmés par les larmes." Et, pour la consoler d'une si grande peine, Narbonne lui fait un enfant ! Ce qui permet au comte de Thiard de faire un mot d'esprit hardi (et d'un goût discutable) : "Son ventre est si considérable qu'il pourrait contenir toute la gaule narbonnaise !..."

Talleyrand, bien loin de cette agitation, essaie de rencontrer les gens influents qui pourraient lui permettre de faire fortune, mais ses tentatives de séduction ne sont guère couronnées de succès. Ainsi, le journaliste américain William Cobbet n'est pas dupe des approches et des caresses de M. de Talleyrand. Reçu chez lui, il ne tarde pas à partir en claquant la porte et en maugréant "qu'il n'est pas une truite et qu'on ne l'attrape pas en le chatouillant !"

Puis c'est Boston, le Maine, et le Massachusetts, remontant même jusqu'aux chutes du Niagara. Tout au long de son itinéraire, il étudie l'agriculture, la vie des habitants ainsi que leurs mœurs ; mais il se plaint du caractère des Américains, qu'il trouve indolents, cupides et... pauvres, comme si cela était une tare ! *Ah!* s'exclame-t-il, *ne me parlez pas de ce pays, où je n'ai trouvé personne qui fût prêt à me vendre son chien !* Pourtant, dans les premiers temps de son séjour américain, il est étonné de découvrir des personnes qui ne lui manifestent aucune hostilité. *J'ai retrouvé ici,* constate-t-il, *parmi les gens que je ne connaissais pas, des regards de bienveillance, qu'il y avait longtemps que je n'avais pas rencontrés.*

Un pays sans haine : M. de Talleyrand vient de faire une admirable découverte !

Il lui arrive fréquemment de camper le soir à la belle étoile, avec, en guise d'oreiller, la selle de son cheval. Nous sommes bien loin de la douceur feutrée des salons de Mme du Barry ! Le temps du plaisir de vivre est révolu, c'est ce qu'il dira plus tard à son ami Thiers : *Celui qui n'a pas vécu pendant les vingt années qui ont précédé la Révolution n'a pas connu la douceur de vivre !*

De plus, il est privé de ses belles amies, aussi prend-il pour maîtresse une sculpturale femme noire. Le comte Molé nous raconte dans ses "Mémoires" l'émoi soulevé par cette aventure dans Philadelphie, où notre ami est retourné après avoir accompli un périple de plus de trois mille kilomètres : "Chacun à Philadelphie pouvait le voir ayant à son bras, dans les rues et en plein jour, une femme de couleur ! Injure gratuite faite aux convenances, aux habitudes et aux usages reçus à tort ou à raison, dans un pays où les privilèges à cet égard ont un tel empire, qu'un sous-lieutenant de hussards n'oserait s'y soustraire."

C'est dans cette ville qu'il apprend la nouvelle de la mort de Robespierre, que l'on vient à son tour de guillotiner. L'espoir de retrouver son cher pays renaît un peu, mais en attendant des jours meilleurs il continue son petit commerce et ses transactions immobilières, ce qui lui donne l'occasion d'observer tout à loisir ce pays encore neuf. Avec le sens prémonitoire qu'on lui connaît, il prédit avec beaucoup de justesse : *L'Amérique est encore toute anglaise, et, ce pays se développant chaque jour, c'est encore l'Angleterre qui pourra en tirer bénéfice, plus que la France.*

En sillonnant la Nouvelle-Angleterre, il se livre à des spéculations sur les terrains et sur les marchandises, comme nous l'avons vu précédemment. En fait Talleyrand aime son nouveau "travail" ; et plus que du goût, il apporte au trafic des choses une véritable passion. Il ne faut pas oublier que notre personnage est né spéculateur, et que toutes ses actions, tous ses comportements visent à lui procurer la richesse qui lui fait, en ce moment, si cruellement défaut. C'est à peu de chose près ce qu'il écrit à Mme de Staël : *Il faut avant tout être riche. Ma raison me dit qu'il faut refaire un peu fortune, afin de ne pas être dans la gêne, dans la dépendance continuelle.*

En Amérique, où sa duplicité et sa rouerie l'ont conduit, bien plus que la noblesse de ses origines et son attachement à la royauté, il rencontre d'autres émigrés au hasard de ses déplacements. On aurait tendance à écrire : "de véritables émigrés", car ceux-là, au moins, ne doivent leur exil qu'au seul fait que leur nom soit précédé d'une particule, signe distinctif suffisant pour subir en ces temps troublés la haine sanglante des révolutionnaires.

La comtesse de La Tour du Pin-Gouvernet, exilée sur les rives de l'Hudson, reçoit la visite de notre ami. Elle manifeste tout d'abord une extrême surprise et ne peut réprimer un mouvement de répulsion ; mais très vite, l'attrait de celui qui pourtant a si bien desservi la cause des siens reprend le dessus, et la comtesse se laisse séduire par le charme de M. de Talleyrand. C'est ce qu'elle avoue lorsqu'elle écrit : "On regrettait intérieurement de trouver toutes les raisons de ne pas l'estimer et l'on ne pouvait s'empêcher de chasser les mauvais souvenirs quand on avait passé une heure à l'écouter." Son jugement est confirmé par celui de Mignet qui dit de lui : "Il avait quelque chose de gracieux qui captivait, et quelque chose de malicieux qui effrayait."

CHAPITRE 11

RETOUR D'EXIL

"La politique c'est les femmes !"

Bien entendu, Charles-Maurice n'a qu'une idée en tête : celle de rentrer en France. Mais le décret ayant prononcé son arrestation et son inscription sur la liste des émigrés n'a toujours pas été rapporté. Aussi, au début de l'été 1795 adresse-t-il à la Convention une pétition clamant ses sentiments républicains. Oublié le deuil de Louis XVI ! Il fait parvenir une copie de cette pétition à Mme de Staël, qui est, comme nous le savons, une de ses anciennes conquêtes, car dit-il : *Dans les affaires importantes il faut faire marcher les femmes !* Et Mme de Staël marche, court, s'allonge enfin... En effet cette dernière, dont certains ont dit qu'elle fut la maîtresse de Barras, alors que probablement elle tenta seulement à cette époque d'user de ses charmes pour le décider à intervenir en faveur de son émigré américain, va se dépenser sans compter ! C'est aussi cela la force de Talleyrand, que de savoir utiliser les autres à son profit, même celles ou ceux qu'un jour il a abandonnés. Heureusement pour lui, la fille de Necker a une grande qualité, elle est fidèle dans ses amitiés et, aussi, à ses anciens amants.

Pour donner plus de poids à son argumentation et par là pour mieux convaincre Barras, elle lui présente

Charles-Maurice en ces termes : "Il a tous les vices de l'ancien et du nouveau régime. Il a et il conserve un pied dans tous les partis, vous ne pouvez rencontrer un agent plus utile." Cette charmante description tend à prouver qu'à défaut de plaire encore à son ex-amant qui l'avait rejetée, Mme de Staël le connaît fort bien. Mais peu rancunière d'être ainsi délaissée, elle réussit à rallier également Tallien à la cause de Talleyrand, et pour ce faire se dévoue corps et âme… Pourtant plus tard, notre personnage ne se montrera guère reconnaissant envers Barras ; mais, à vrai dire, envers qui s'est-il jamais montré reconnaissant ? En effet voici ce qu'il dira plus tard de son bienfaiteur, dont on sait que l'élégance de la mise n'avait d'égale que la corruption de son âme : *Barras est l'homme de toutes les compromissions, intelligent, d'une amoralité parfaite. Elégant, raffiné, n'ayant vu dans la Révolution qu'un moyen rapide et lucratif de faire ses affaires. Et pour s'excuser il disait : les temps de guerre civile ne sont pas des temps de morale !*

Il nous semble bien reconnaître, dans les propos qu'il tient sur Barras, à peu près tout ce que l'on pourrait lui reprocher ! Il est toutefois un témoignage qui vient conforter son jugement sur Barras, c'est celui d'un diplomate étranger qui affirme : "Barras jetterait, sur-le-champ, la République par la fenêtre, si elle n'entretenait pas ses chiens, ses chevaux, ses maîtresses, sa table et son jeu." D'ailleurs Talleyrand a cru devoir compléter le portrait du vicomte Paul de Barras, par cette autre amabilité : *Il parfumerait du fumier !*

Par bonheur pour elle, Mme de Staël n'est pas trop regardante sur la moralité de son diable d'émigré. Emportée par son désir de lui faire regagner la mère patrie, elle circonvient également la maîtresse de Marie-Joseph Chénier, autre conventionnel influent. Ce dernier, sub-

Les parents de Charles-Maurice :
Charles-Daniel de Talleyrand. (Coll. Jean Morel, château de Valençay).
La comtesse de Talleyrand-Périgord. (Coll. J. Morel, château de Valençay).

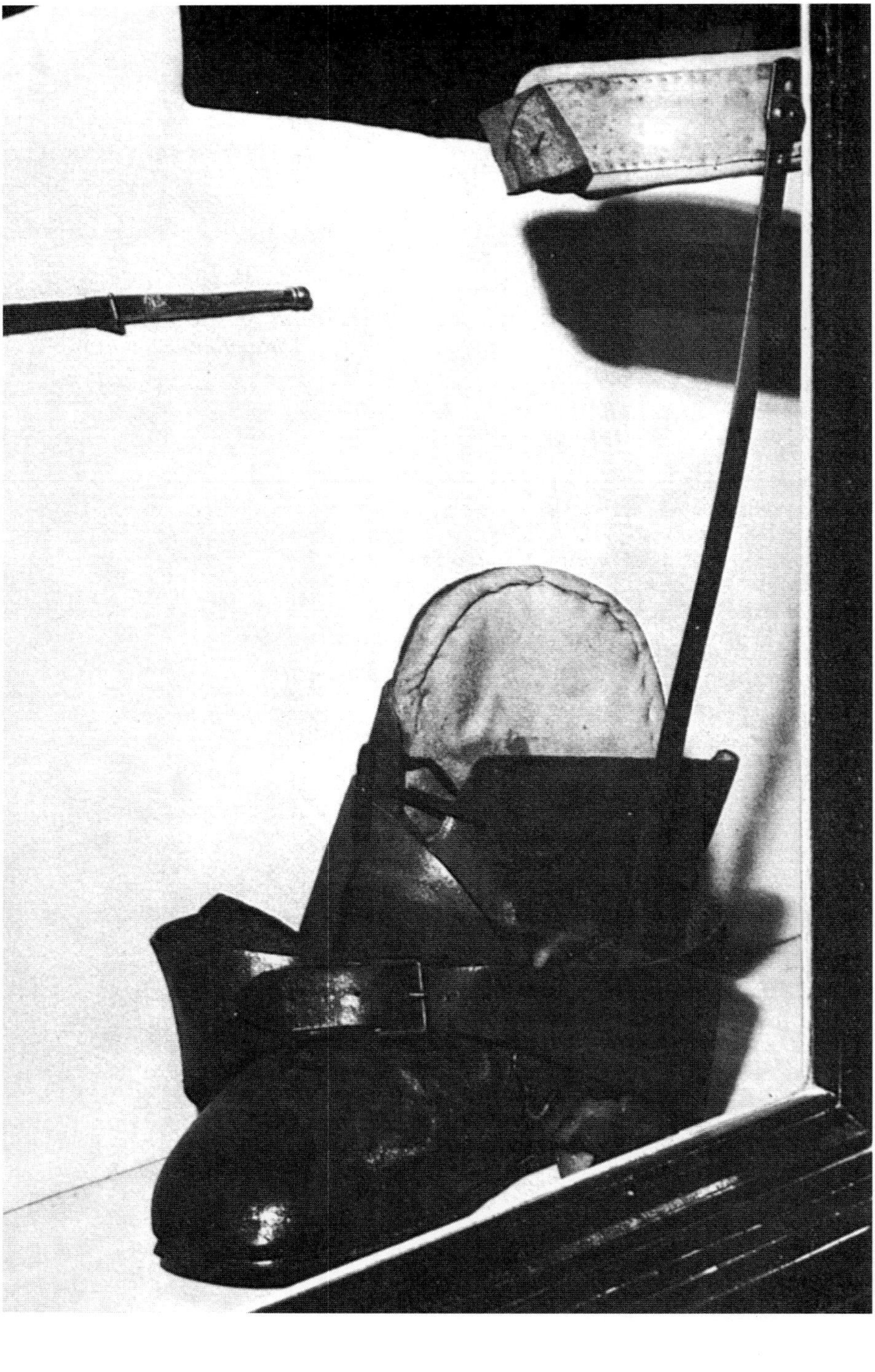

La Chaussure de Talleyrand.

Charles-Maurice, âgé de seize ans, ne portait pas la soutane lorsqu'il se rendait dans le monde.

Tableau de Greuze qui représenterait Talleyrand à l'âge de 36 ans.
(Musée de Saint-Omer).

Talleyrand, évêque d'Autun
(Dessin de Labadye, B.N. Estampes).

La comtesse de Flahaut.
(Par Adélaïde Labielle-Guyard, localisation inconnue).

Madame Grand, future Princesse de Talleyrand.
(Collection château de Valençay).

Aimée de Coigny

Mme de Rémusat

Les belles amies de M. de Talleyrand.

jugué par les charmes de la belle Eugénie de la Boucharderie, finit par céder, donnant ainsi raison à celui pour le compte duquel il intervient : *La politique c'est les femmes !*

C'est au prix d'une brillante plaidoirie à la tribune de l'Assemblée, que Marie-Joseph Chénier obtient le retour de Talleyrand en France, en déclarant notamment : "Je demande que justice soit rendue à l'un des fondateurs de la liberté, honoré comme nous par la haine des tyrans et des esclaves. Je le réclame, au nom de la République, car il peut encore servir par ses talents et ses travaux." Cette démarche qu'il vient de faire en faveur de notre ami, plus forcé que consentant, lui fera écrire plus tard cet épigramme :

"Roquette dans son temps, Talleyrand dans le nôtre,
Tous deux furent prélats d'Autun.
Tartuffe est le portrait de l'un,
Ah! si Molière eut connu l'autre !"

Et Marie-Joseph Chénier va bien vite regretter d'avoir été l'artisan du retour de ce triste personnage. Sa déception et sa rancœur lui inspirent cette réflexion amère : "Après avoir été anarchiste, puis orléaniste, l'abbé Maurice, n'ayant pu avoir été robespierriste parce que Maximilien n'a pas voulu de lui, se fait directoriste en attendant d'être ce que le pouvoir sera un peu plus tard. Ce bougre-là est semblable à une éponge qui s'imbibe de toutes les liqueurs dans lesquelles il trempe avec cette différence que l'éponge pressée rend ce qu'on lui a confié alors que tout sera de bonne prise pour notre ami !"

Talleyrand est, bien entendu, très heureux de l'aboutissement favorable de ses démarches et de celles que sa fidèle Germaine a entreprises pour lui permettre de revenir d'exil. Ayant appris la bonne nouvelle il lui écrit dans un moment d'exaltation et de joie intense : "Le reste de ma vie, quelque lieu que vous habitiez, se passera près de vous !" Pour un être aussi léger et aussi inconstant, c'était beaucoup promettre, et de fait, il ne tint guère !

En effet il ne s'est pas montré très reconnaissant envers Mme de Staël. La lettre qu'il adresse à Mme de Courlande à l'occasion de sa mort en est la preuve manifeste : *Paris est fort occupé de la mort de Mme de Staël et de son mariage que l'on a appris que depuis qu'elle n'existe plus. Elle était depuis plusieurs années Mme de Rocca et elle n'avait pas eu le courage de le dire... Convenez que j'avais bien raison quand je disais qu'elle n'avait aucune délicatesse.* On ne saurait être plus ingrat et plus oublieux des bontés reçues !

Le revenant s'est démené avec beaucoup de vigueur pour parvenir à son but, ce qui ne l'empêchera d'affirmer par la suite qu'il n'a entrepris aucune démarche pour que soit rapporté le décret lui interdisant de retrouver son cher pays. Ce n'est qu'une palinodie de plus parmi les innombrables qu'on lui connaît, sans omettre celles qu'il a pris soin de nous cacher !

Il est vrai qu'il aime tant mentir ! Au cas présent, il a beaucoup intrigué (ou fait intriguer) pour obtenir ce qu'il voulait, justifiant ainsi cette flèche assassine décochée par Chateaubriand : "Quand Monsieur de Talleyrand n'intrigue pas, il trafique !" Il n'était pas rare, d'ailleurs, qu'il fît les deux en même temps !

A la Convention succède le Directoire, mais dans l'incertitude en l'avenir de la République naissante, Charles-Maurice diffère son retour. Il a quelques affaires bien fructueuses à régler là-bas, c'est pourquoi il ne quitte l'Amérique que le 12 juin 1796. Il transite par

Hambourg, car il lui a fallu choisir un bateau sûr, qui ne s'approchât pas trop près de la flotte anglaise et des pirates en tout genre qui sillonnaient les mers. Il n'arrive donc à Paris que le mercredi 21 septembre 1796. La nouvelle fut annoncée, quelque peu ironiquement, par le "Courrier Républicain" du 25 septembre : "Monsieur de Talleyrand-Périgord, ci-devant évêque d'Autun, émigré privilégié, est arrivé à Paris."

Après quatre années d'un exil parfois douloureux, souvent difficile, il trouve la capitale très changée. Il lui faut peu de temps pour juger la société sous le Directoire, dont il dit : *Les bals, les spectacles, les feux d'artifice ont remplacé les prisons et les comités révolutionnaires. Les femmes de la Cour ont disparu, mais les femmes des nouveaux riches ont pris leur place et sont suivies, comme elles, par des catins qui leur disputent le prix du luxe et de l'extravagance. Auprès de cet essaim léger de cervelle, on voit ceux qu'on appelait jadis* "les petits maîtres", *qu'aujourd'hui on nomme* "merveilleux" *et qui en dansant parlent politique et soupirent après la royauté, en mangeant des glaces ou en bâillant devant un feu d'artifice.* Dans ce Paris qu'il retrouve cependant avec plaisir, on ne parle plus que d'un certain... Napoléone Buonaparte, que le peuple appelle déjà Bonaparte. Diable, que voulez-vous qu'il fît avec un nom pareil !

En effet, le futur Empereur a déjà acquis, à Castiglione, une certaine notoriété qui s'amplifiera à Arcole et à Rivoli. Ses titres de gloire accumulés sur les champs de bataille lui préparent un avenir que Talleyrand devine parfaitement. Pourtant ce dernier, pour ne pas avoir fait beaucoup d'éloges du Directoire, se trouve éloigné des allées du pouvoir ; aussi se sert-il une fois de plus de Mme de Staël pour revenir en grâce, mettant en œuvre cette pratique qui consiste, selon l'expression qu'il emploie lui-même, *à faire marcher les femmes*. Cela lui a si bien réussi pour son retour d'exil qu'il sollicite à nouveau son ex-maîtresse qui met encore une fois Barras à contribution. Celui-ci ne peut rien lui refuser, et sur les vives instances de sa très chère amie, nomme Charles-Maurice au poste de ministre des Relations extérieures. Nous sommes le 30 messidor an IV, c'est-à-dire le 18 juillet 1797. Il y a moins d'un an, il était encore proscrit, le voici aujourd'hui qui entre dans l'histoire, et sa fortune est faite. D'ailleurs, dans le fiacre qui le conduit vers Barras, son bienfaiteur qu'il s'en va ainsi remercier, il répète avec une sorte de frénésie à son ami Boniface de Castellane : *Nous tenons la place, il faut y faire une fortune immense, une immense fortune, une fortune immense, une immense fortune !*

C'est grâce à la femme qu'il a su si bien subjuguer, mais aussi grâce à la servilité de ses propos, dont il a encensé Barras, qu'il doit son retour aux affaires. Il faut dire qu'il n'a pas épargné flatteries et louanges : *Serviteur respectueux, serviteur reconnaissant, il n'y a que mon admiration qui puisse égaler mon respect et ma reconnaissance !* Pourtant, s'il est redevable en grande partie, envers Germaine de Staël, de la place qu'on vient de lui donner, une fois de plus, il ne se montrera guère reconnaissant. En effet quelques années plus tard, à Napoléon le questionnant à propos de sa bienfaitrice : "Mais qui donc est Madame de Staël ?" il répondra : *C'est une intrigante, à tel point que c'est par elle que je me trouve ici au ministère !* Le futur Empereur, assez surpris par cette boutade, et voulant en savoir un peu plus, poursuivra : "Est-elle au moins bonne amie ?" La réponse que fera notre personnage ne manque pas de sel : *Amie ? Elle jetterait ses amis à la rivière, pour après, les repêcher à la ligne !*

Bonaparte aura lui-même l'occasion de faire la connaissance de cette femme intrépide et entreprenante, et subira ses assauts, lorsqu'elle tentera de conquérir son cœur, un peu comme l'on se lance à l'abordage. S'imposant à lui lors d'une soirée, elle le précipite dans un tourbillon de questions.

"Quelle est la femme que vous aimez le mieux ?"

"La mienne" lui rétorque le nouveau maître de la France.

"Quelle est celle que vous estimez le plus ?" poursuit-elle déjà impatiente.

"Celle qui sait le mieux s'occuper de son ménage !" Et Mme de Staël, désespérant que Bonaparte fasse la réponse qu'elle attend, revient une nouvelle fois à la charge.

"Mais enfin, quelle serait pour vous la première des femmes ?"

"Celle qui fait le plus d'enfants !"

Déçue mais apparemment guère refroidie par cet accueil distant, quelque temps après, elle n'hésite pas à forcer la porte du futur Empereur, le surprenant jusque dans son intimité, ainsi qu'il nous le raconte lui-même : "J'habitais alors une petite maison de la rue Chantereine ; j'étais en robe de chambre et faisais ma toilette. Je m'excusai de la recevoir ainsi : Bah! me dit-elle, le génie n'a pas de sexe !"

Si Talleyrand est parvenu au pouvoir, (parvenu est le mot qui convient lorsque l'on se souvient de l'état dans lequel il se trouvait il y a encore peu de temps), il faut dire que son arrivée aux affaires n'a pas été aisée, et que parmi les membres du Directoire et les gouvernants de l'époque, une très forte opposition s'est manifestée contre sa nomination. Rewbell le premier et le plus acharné de tous, mais aussi Carnot, se sont violemment et parfois bêtement déchaînés contre lui. Le premier cité avait déjà entrepris son travail de sape lorsque l'on avait pensé à Talleyrand pour succéder à Letourneur de la Marche, au poste d'adjoint-directeur. Rewbell avait alors déclaré : "Si vous voulez de la probité, de la capacité, gardez-vous de penser à Talleyrand. C'est la friponnerie incarnée et la nullité empesée !" Carnot, quant à lui, peu soucieux du ridicule, s'est cru autorisé à s'exclamer : "Il n'a aucun principe, et il en change comme de linge", ajoutant par ailleurs : "Il a tous les vices de l'ancien régime et aucune des vertus du nouveau."

Un ministre étranger, de passage à Paris, exprime à peu de chose près les mêmes sentiments lorsqu'il déclare à son propos : "Son caractère est fort, ses lumières reconnues, mais sa moralité est corrompue et dépravée !"

CHAPITRE 12

LA BLONDE VICTOIRE ET LA BELLE INDIENNE

"C'est une Indienne bien belle, bien paresseuse..."

Si ses nouvelles fonctions l'occupent beaucoup, il prend tout de même le temps de fréquenter ses belles amies. Son goût pour les femmes est toujours aussi fort, et il exerce sur celles-ci un attrait irrésistible. En fait, pour lui, c'est le besoin de conquérir, de séduire et d'être entouré qui le pousse à plaire, bien plus que la satisfaction d'une véritable boulimie sexuelle, ce qui confirme les propos de Mme de Flahaut à ce sujet, le disant "plus tendre que viril."

Sa prochaine conquête sera Mme Delacroix, la belle et blonde Victoire Oeben qui va devenir sa maîtresse. Elle est l'épouse d'un ministre du Directoire qui doit son limogeage à Mme de Staël. Cette dernière s'est activée afin que l'on donne son portefeuille à Talleyrand. Et si Mme Delacroix trompe son époux, la pauvre a bien quelques excuses. Songez en effet que son mari est affligé d'une effroyable tumeur de 32 livres à l'abdomen qui atteint "les organes les plus délicats de l'homme" et qui le fait ressembler, paraît-il, à une femme enceinte de bientôt neuf mois. Lorsque, après l'ablation de cette monstruosité, M. Delacroix retrouve sa silhouette d'antan, celle de sa femme s'arrondit de manière significative, ne laissant aucun doute sur l'état dans lequel elle se trouve ! A la naissance du petit Eugène Delacroix, bien des bruits circulent, et même si rien ne fut vraiment prouvé, que de présomptions !

A ce sujet la controverse n'est pas encore éteinte, et les arguments pour l'alimenter ne manquent pas. En effet, s'il n'existe aucune preuve formelle d'une filiation illégitime dont Talleyrand serait l'auteur, un faisceau d'indices milite en la faveur de cette paternité presque certaine.

Il est incontestable que le petit Eugène Delacroix est bien né le 26 avril 1798. Il est également avéré que M. Delacroix, qui en raison même de la nature de cette affection, ne pouvait procréer, a été opéré d'une tumeur à la fin du mois de septembre 1797. On note par ailleurs que plusieurs mois avant cette opération, il était déjà sérieusement malade, et qu'il a été convalescent pendant deux mois après l'intervention chirurgicale. Tout cela implique que le futur grand peintre que l'on connaît aurait été conçu moins de six mois avant sa naissance. A cette époque l'enfant n'aurait sans doute pas survécu.

Par ailleurs, il est de notoriété publique que Mme Delacroix et Talleyrand ont eu des relations très intimes et très suivies pendant toute la période où le mari trompé était en poste à La Haye et où il exerçait les fonctions de ministre plénipotentiaire auprès de la République Batave. Mais on pourrait encore citer de nombreux autres faits qui vont dans le même sens et qui viennent étayer cette hypothèse. Il en est ainsi de la ressemblance physique, qui d'ailleurs ne se limite pas aux seuls détails du visage. En effet, plus que l'analogie des traits, ce qui frappe surtout les observateurs de l'époque, c'est la similitude dans le port et le maintien, cette hauteur un peu dédaigneuse qui caractérise si bien Talleyrand et que l'on retrouve chez Eugène Delacroix.

Enfin, on peut s'étonner à juste titre que l'Etat ait acheté au prix fort les toiles de ce peintre maudit car trop avant-gardiste. En effet, Delacroix est très sévèrement jugé par les critiques officiels qui n'apprécient pas sa peinture romantique et flamboyante qu'ils traitent de "tartouillade." On est alors en droit de s'interroger sur les raisons qui ont bien pu pousser l'Etat à payer ces toiles un prix très élevé que ne justifie pas la notoriété de leur auteur. Il y a là l'empreinte de la protection puissante d'un personnage qui l'était tout autant. Alors qui d'autre que Talleyrand aurait pu vouloir favoriser cet artiste si décrié, et qui mieux que lui avait le pouvoir de le faire à cette époque ? Pourtant il faut reconnaître que les historiens ne sont pas unanimes sur cette paternité, et que des études menées il y a tout juste un quart de siècle contestent sérieusement cette thèse.

Si Charles-Maurice, nous venons de le voir, a fait la conquête de Mme Delacroix, il n'en fréquente pas moins Mme Grand depuis plusieurs mois déjà. D'une beauté céleste, Mme Grand née Catherine Noël Worlée est originaire des Indes. Elle vient de gagner Paris, pour échapper au courroux de son mari qu'elle trompe honteusement mais sans aucun remords ! Dans la capitale, elle mène grand train et se fait entretenir notamment par le marquis de Spinola. Ce dernier est soupçonné d'être un agent à la solde de l'Angleterre, et par conséquent on l'expulse rapidement.

Voici donc Mme Grand sur le point d'être arrêtée à son tour. Inquiète sur son avenir immédiat, elle se rend chez M. de Talleyrand, pour implorer sa protection. Le nouveau ministre des Relations extérieures est conquis d'emblée par la beauté de sa visiteuse, et il intervient auprès de Barras, en écrivant à celui-ci une lettre où perce déjà toute la flamme qui brûle en lui : *C'est la personne du monde la plus éloignée et la plus incapable de se mêler d'aucune affaire ; c'est une Indienne bien belle, bien paresseuse, la plus désoccupée de toutes les femmes que j'aie jamais rencontrées. Je vous demande intérêt pour elle ; je suis sûr qu'on ne trouvera point l'ombre de prétexte pour terminer cette petite affaire à laquelle je serais fâché que l'on mît de l'éclat. Je l'aime et vous atteste à vous, d'homme à homme, que de sa vie elle ne s'est mêlée et n'est en état de se mêler d'aucune affaire.*

Sollicité de manière aussi pressante, Barras obtient du Directoire qu'elle ne soit pas inquiétée. Le sort en est jeté, la "belle Indienne" comme on l'a surnommée, vient de sceller son destin et nous retrouverons un peu plus tard ce couple sulfureux qui va déchaîner contre lui les passions des uns et des autres.

CHAPITRE 13

LE DIRECTOIRE

"On pourrait tout au plus en faire un domestique de parade s'il était mieux jambé, mais il n'a pas plus de jambe que de cœur !"

Comblé par les femmes, l'argent ne lui manque pas non plus. Son traitement de ministre des Relations extérieures dépasse les 500.000 francs actuels, auxquels il convient d'ajouter les pots-de-vin perçus lors des négociations avec les puissances étrangères, justifiant par là la remarque de Stendhal : "M. de Talleyrand est un homme d'infiniment d'esprit qui a toujours besoin d'argent !"

Il lui faut alors bien prendre la mesure des événements qui vont décider de l'avenir du pays... et du sien ! Et l'avenir c'est Bonaparte. Celui-ci prépare, dans le plus grand secret, un coup d'Etat contre les royalistes, et Charles-Maurice l'y encourage par des lettres où il ne cesse de flatter l'amour-propre du jeune général.

La première rencontre entre les deux hommes a lieu au début du mois de décembre 1797, le 5 très précisément, soit près de cinq mois après son accession au poste de ministre des Relations extérieures. Charles-Maurice lui trouve une figure charmante, et Bonaparte se déclare enchanté de la conversation de son ministre. Ne pouvant s'empêcher de plaire, un peu servilement il faut bien le constater, notre ami s'exclame : *Vingt batailles gagnées vont si bien à la jeunesse, à un beau regard, à de la pâleur, et à une sorte d'épuisement !* La première lettre qu'il écrit au proconsul de Mombello est, elle-même, pleine d'une politesse obséquieuse : *J'ai besoin de me rassurer par le sentiment de ce que votre gloire doit apporter de moyens et de facilités dans les négociations. Le nom seul de Bonaparte est un auxiliaire qui doit tout aplanir.*

La réponse que lui fait le futur maître de la France est tout aussi flatteuse : "Le choix que le gouvernement a fait de vous pour ministre des Relations extérieures fait honneur à son discernement. Il prouve en vous de grands talents, un civisme épuré, et un homme étranger aux égarements qui ont déshonoré la Révolution. Je suis flatté de devoir correspondre avec vous et vous mettre, par là, en mesure de vous convaincre de l'estime et de la haute considération que j'ai pour vous."

Nous sommes bien loin des cris, des injures et de l'opprobre qu'un jour l'Empereur répandra sur son serviteur ; mais il faut dire que d'ici-là, pas mal d'eau aura coulé sous le pont d'Arcole !

Lors de la remise des drapeaux ennemis, faisant suite au traité de Campo Formio, le Directoire exige de Talleyrand qu'il prononce un discours, dans lequel il faut certes reconnaître les mérites de Bonaparte, mais en veillant bien, cependant, à ne pas trop insister sur la gloire militaire déjà grande du jeune Corse. En effet cette gloire inquiète le Directoire ; aussi, soucieux de l'influence du futur Empereur, et de son avenir, Charles-Maurice s'exécute-t-il, pensant que l'on n'est jamais trop prudent. Il est d'autant plus nécessaire d'obéir qu'il est en conflit presque continuel avec Rewbell, l'un des cinq Directeurs. Rewbell, dont la femme prénommée Marie-Anne est à l'origine de l'appellation "Marianne" donnée à la figure allégorique de la République, cherche sans cesse à humilier notre ami. Il se montre particulièrement sévère dans les jugements qu'il porte sur le nouveau ministre des Relations extérieures, car à ses yeux Talleyrand n'est qu'un laquais de l'ancien régime : "On pourrait tout au plus en faire un domestique de parade s'il était mieux jambé, mais il n'a pas plus de jambe que de cœur !" Ou bien encore : "C'est un éclopé, un homme dépourvu d'une partie de ses membres, qui se soutient à peine sur ses deux ossements décharnés ; c'est un mort vivant, pour qui il n'y a point d'excuse dans tout ce qui pourrait en fournir aux autres ; c'est un libertin sans besoins, sans moyens, invoquant toutes les ressources de la débauche, suivant l'école de Sade."

Faisant le dos rond sous l'insulte, Talleyrand ne répond pas à ces attaques ; il laisse dire, car l'essentiel est de rester en place. Mais pour prévenir les reproches de lâcheté qu'on pourrait lui faire, il dit bien haut : *Il est très aisé de se brouiller, je sais faire cela comme les autres. Mais à quoi cela est-il bon ? A gâter les affaires, à créer des difficultés ? D'ailleurs je suis trop paresseux pour cela, et peut-être trop habile. Il ne faut pas faire aux autres le plaisir de les mettre à l'aise en se brouillant avec eux. Et puis ne se brouille pas avec moi qui veut !*

Pourtant s'il sait courber l'échine quand cela est nécessaire, il sait encore mieux rendre les coups, mais à sa façon, c'est-à-dire avec esprit. Ainsi, plus tard, quand ce même Rewbell affligé d'une myopie très prononcée, et qui, inquiet de l'avenir du Directoire chancelant cherche à se rassurer auprès de Talleyrand en le question-nant : "Alors, comment vont les affaires ?" notre ami lui répondra perfidement : *Comme vous voyez, citoyen Directeur !*

En fait, pendant le Directoire, ses manières civiles et sa politesse avenante trompent souvent les crédules et les niais qui, parce qu'on leur fait bonne figure, se permettent de lui prendre le bras et de lui tirer la manche. D'un regard il les remet à leur place, signifiant : *Ce n'est pas parce que je suis poli que je vous écoute et que je vous approuve. Ce n'est pas parce que je suis poli que je vous aime !*

Talleyrand, parce que justement il est un "de Talleyrand" et qu'il possède tous les usages et les manières de la noblesse, aime à s'amuser aux dépens des balourds du Directoire. C'est le curieux La Réveillère-Lepeaux, troisième Directeur, qui en fait les frais. Ce dernier, depuis quelque temps, donne dans la théosophie : il rêve de fonder une religion ! Il consulte à ce sujet notre ami, qui, sans se départir de son plus grand sérieux, lui donne ce conseil : *Je n'ai qu'une chose à vous dire : Jésus, pour fonder le christianisme, a été crucifié. Commencez par le commencement !*

Malgré toutes ses victoires, Bonaparte n'est pas pleinement satisfait, il lui faut de surcroît humilier l'Angleterre. Ce désir secret, qu'il ne pourra jamais assouvir totalement, sous-tendra la plupart de ses actions tout au long de sa vie, et sera en fait une des causes principales de sa chute. Il pense déjà à la campagne d'Egypte, et s'en ouvre auprès de son ministre des Relations extérieures qui n'approuve pas ce projet au fond de lui-même, et qui préfère songer à faire la paix avec l'Angleterre. En fait Talleyrand va tenter d'être, non pas la conscience du futur Empereur (comment lui eut-il prêté ce qu'il ne possède pas lui-même ?) mais du moins essaiera-t-il d'être sa raison. Les deux hommes se complètent à merveille, comme le constate le Premier Consul : "Je sais tout ce que vous ne savez pas ; mais vous savez tout ce que je ne sais pas." Et d'ajouter : "C'est le seul homme avec qui je puisse causer."

Toutefois, à cette époque, notre personnage ne se sent pas encore suffisamment fort pour imposer un point de vue qu'il sait pourtant être sage et raisonnable. Aussi encourage-t-il Bonaparte et le Directoire à engager la campagne d'Egypte. Pire même, et pour contenter tous ceux qui crient haro sur l'Angleterre, il pousse le zèle jusqu'à porter sur les cartons d'invitations qu'il envoie à ceux qu'il reçoit : *Vous jugerez convenable, j'en suis sûr, de vous interdire tout habillement provenant des manufactures anglaises.*

Après quelques succès, c'est le revers devant Saint-Jean d'Acre. Bonaparte est loin de la France, et en Europe les armées reculent sur tous les fronts. Aussi en rend-on responsable Talleyrand qui devient rapidement très impopulaire. Devant cette levée de boucliers, il donne sa démission de son poste de ministre des Relations extérieures : nous sommes le 14 juillet 1799, Pie VI vient de mourir, Beethoven d'écrire la "Symphonie pathétique", et Balzac de naître.

C'est donc en tant que simple citoyen qu'il assure sa défense auprès de l'opinion publique. Il écrit notamment, avec une mauvaise foi évidente : *On sait très bien que l'expédition d'Egypte a été préparée bien avant l'époque de mon ministère, et n'avoir nullement été déterminée ni encouragée par moi.* C'est tout de même oublier le long rapport qu'il a adressé au Directoire, l'encourageant vivement à se lancer dans cette folle aventure *pour le plus grand bienfait de la République* écrivait-il, alors. Mais Talleyrand a comme cela souvent la mémoire sélective, notamment chaque fois qu'il n'a pas la possibilité de réécrire l'histoire après qu'elle se soit déroulée.

Il quitte alors Paris, en compagnie de Mme Grand,

pour se rendre à Meudon, où il va attendre le retour du proconsul, prêt à trahir le Directoire dont il pressent que les jours sont comptés. Les armées continuent à reculer un peu partout, au point que le général Jourdan est surnommé "Le général écrevisse." Le peuple est las de ce régime complètement pourri, la France est au plus bas, et Talleyrand songe à s'emparer de ce pouvoir qui agonise.

Mais avant d'entreprendre quoi que ce soit, il faut prévoir l'avenir et ménager ses arrières. Charles-Maurice pense tout d'abord au duc d'Orléans, puis il se tourne vers Louis XVIII, exilé au château de Mitau. Il lui propose donc ses services, en échange, bien entendu, d'un poste de ministre, du titre de duc de Périgord, et de l'affranchissement de ses liens avec l'Eglise. Louis XVIII, se gardant bien de promettre ce qui n'est pas en son pouvoir, accepte les deux premières conditions, et l'envoie au pape, pour ce qui est de la troisième... Cependant l'accueil du bout des lèvres que lui réserve le frère de Louis XVI est encore tempéré par les déclarations faites par Conzié, évêque d'Arras et ministre du roi en exil. En effet ce dernier confie à La Tour du Pin : "Dites à Talleyrand que si nous rentrons en France, véritablement il ne pourra y rester, mais je lui garantis un sauf-conduit pour aller vivre en tel pays étranger qui lui conviendra le mieux." Ce n'est sans doute pas la réponse que notre ami espérait !

Charles-Maurice est prêt à tout pour régner sur la France, même au pire, et avec lui le pire n'est jamais tout à fait sûr ! De peur d'être pris au dépourvu, et malgré les appels qu'il vient de faire à Louis XVIII, il s'adresse au prince Louis de Prusse, qui est, il faut le rappeler, allemand et protestant ! Pour servir ses intérêts, M. de Talleyrand n'en est pas à une contradiction près. Il propose ainsi pour la France une monarchie constitutionnelle et héréditaire. Singulier revirement tout de même, car enfin, n'écrivait-il pas, il y a à peine deux ans de cela : *Il est mille fois démontré que je ne puis avoir d'autre vœu que celui de l'affermissement et de la gloire de la République. Que celui qui oserait faire périr la République, voie son nom, comme celui de tout traître, passer à la postérité, chargé du poids de l'exécration générale.* On voit bien, dans cette déclaration, toute la duplicité du cher homme, qui au gré des événements, opte pour l'attitude la mieux apte à servir sa cause.

CHAPITRE 14

LE CONSULAT, OU LE POUVOIR PAR LA FORCE

"Une constitution doit être courte... mais surtout obscure !"

Mais Bonaparte, pressentant les événements qui vont survenir en France, rentre d'Egypte. Notre ami est contraint d'opérer une nouvelle volte-face, alors au diable la monarchie... et vive Bonaparte ! Suivant son instinct, et le sens du courant, il est l'un des premiers à l'accueillir, car il a deviné que le futur empereur est prêt à se saisir du pouvoir. Pour faire avancer les choses, comme il aime à le répéter, il s'arrange pour que Bonaparte et Sieyès -le nouvel homme fort à Paris- se rencontrent. Pourtant Talleyrand n'a pas une grande estime pour l'abbé Sieyès. Ne disait-il pas récemment à quelqu'un qui lui en faisait l'éloge : *Monsieur Sieyès est quelqu'un de profond ? Profond ! Que me chantez-vous là, vous voulez dire qu'il est creux !* Mais la situation commande, ou plutôt son intérêt devrions-nous dire ; c'est pourquoi, une fois encore, il fait taire ses rancunes personnelles pour mieux préparer des lendemains qu'il espère meilleurs.

Cependant l'antagonisme entre les deux hommes est particulièrement fort. Charles-Maurice, dans ses "Mémoires", nous dit ce qu'il pense de Sieyès ; nul doute qu'il force le trait, et que le jugement porté est vraiment très sévère ; écoutons-le tout de même épancher sa bile : *Son cœur est froid, et son âme pusillanime. Il peut être inhumain parce que l'orgueil l'empêche de reculer. Il n'a point d'habileté d'esprit ; il cause mal. Son humeur est atrabilaire. Il est possible qu'une indisposition naturelle qui lui interdit le commerce des femmes y contribue. Il n'a point une physionomie heureuse ; elle porte l'empreinte d'un caractère dur et méditatif. Tout obstacle le révolte, il méprise toute transaction. Il ne discute pas car il ne sait que prescrire.*

Sieyès propose donc une nouvelle constitution (il en a toujours une de prête dans sa poche pour le cas où...) " Une constitution doit être courte" dit-il, et notre ami d'ajouter avec rouerie : *Courte certes, mais surtout obscure !* (Il faut cependant préciser que certains attribuent à Roederer et non a Sieyès la paternité de cette boutade !) Exit le Directoire et vive le Consulat ! Le complot peut avoir lieu ; Talleyrand s'en charge, et c'est le coup d'Etat du 18 brumaire.

Un seul obstacle subsiste en la personne de Barras, mais notre personnage, en fin connaisseur de l'âme de ses contemporains, pense qu'une bonne grosse somme d'argent et de belles promesses doivent permettre de régler cette affaire au mieux. En fait il ne se trompe pas, Barras cède la place sans trop regimber, et pourtant ce sera pour lui une mise à l'écart presque définitive. Mais, connaissant notre personnage, peut-être avait-il déjà eu le temps de constituer quelques dossiers bien compromettants sur Barras, et bien utiles pour l'amener à se démettre au cas où celui-ci aurait eu des velléités de résistance. On sait maintenant qu'en amour Barras avait des goûts très éclectiques et qu'il ne dédaignait pas la compagnie des petits garçons. Cela aurait pu être en effet un bon moyen de pression. En fait devant les mouvements de foule qui acclament Bonaparte, Barras prend peur et signe sa démission, Talleyrand gardant pour lui les millions qu'on lui avait pourtant demandé de remettre à Barras !

En réalité, c'est le 19 brumaire à Saint-Cloud, qu'a lieu le véritable coup d'Etat. Coup de force plus exactement, car devant la résistance du Conseil des Cinq-Cents, Lucien Bonaparte fait donner la troupe, qui, manu militari, évacue les membres des Cinq-Cents. Ah! quel spectacle que celui des vénérables conseillers dans leurs tenues ridicules à la mode romaine, s'enfuyant devant la charge des grenadiers, qui par la porte, pour les plus chanceux, qui par les fenêtres, pour les plus pressés !

Bonaparte récompense immédiatement Talleyrand en lui donnant par arrêté du 1er frimaire, le ministère des Relations extérieures et en fermant les yeux sur les spéculations assez honteuses, il faut bien l'avouer, qu'il venait de commettre. Et comment notre ami s'y est-il pris pour s'enrichir ? Cela est extrêmement simple, de nos jours on appellerait cette manoeuvre un délit d'initié. En effet, profitant de la connaissance des événements qui allaient survenir, et pour cause, puisqu'il participait à leur avènement, il achète de la rente d'Etat le 17 brumaire alors que sa valeur s'est complètement effondrée, pour la revendre le 20, au cours le plus haut, réalisant, dans cette opération, un bénéfice considérable.

Son retour aux affaires ne réjouit pas tout le monde, tant s'en faut ; certains ne se cachent pas pour le dire bien haut et même pour l'écrire. Ainsi, le citoyen Dandelot Ainé publie à Mâcon un article peu flatteur pour notre ami où il déclare notamment : "Il est ex-noble, ex-courtisan, ex-prélât catholique romain, et cependant il parvient à s'élever au ministère des Relations extérieures. Que ce traître et ses semblables soient frappés à l'instant par la foudre nationale, ou sinon c'en est fait de la République !" Si l'on pouvait se hasarder à donner un avis, il n'est point nécessaire, semble-t-il, de recourir à Talleyrand, pour tordre le cou à la République, Bonaparte s'en chargera bien tout seul !

Talleyrand, toujours prévoyant, conseille à Bonaparte de recomposer "le triumvirat." Oubliés Sieyès et Ducros, que l'on remplace par Lebrun et Cambacérès, plus insignifiants, et surtout plus dociles. Une hiérarchie est alors créée, et c'est tout naturellement Bonaparte qui occupe la place de Premier Consul.

C'est à cette époque que notre personnage participe à la constitution d'un cabinet noir, de si triste réputation, mais tellement efficace ! Ainsi, n'a-t-on pas ouvert une lettre d'un ambassadeur étranger, que le chevalier d'Azzara exige des explications ; Charles-Maurice lui répond qu'il a ordonné une enquête, qui fut longue et minutieuse ; une attention toute particulière a été portée à la demande du chevalier, rien n'a été laissé de côté, aucune piste, aucun indice qui n'aient été vérifiés. *Eh bien, chevalier, il ressort de tout cela que votre lettre aura été décachetée... par quelqu'un qui voulait savoir ce qu'il y avait dedans !* Ah! le bel hypocrite que voilà !

Nous sommes au printemps 1800, et Volta vient d'inventer la pile électrique. Quant à Charles-Maurice, il a besoin de la paix pour remettre un peu d'ordre dans la France. Bonaparte, faisant taire, pour une fois, ses appétits de conquête, propose la paix à l'Autriche ; le refus cinglant qu'il essuie le décide à repartir en campagne. Ce sera la seule tentative de conciliation qu'il fera, et, à partir de cet instant, il engage un processus sans retour qui est en quelque sorte le début de l'épopée napoléonienne, et qui se terminera de la manière que l'on sait.

La guerre, qui a donc repris, commence par la victoire de Marengo, et Charles-Maurice d'applaudir le premier et plus fort que tout le monde. Cependant au fond de lui-même, il redoute l'issue de cette aventure. C'est en tout cas ce qu'il confie à Ouvrard : *Je sais bien ce que devrait faire le Premier consul, ce que demande son intérêt, le repos de la France et celui de l'Europe... Mais veut-il au contraire réunir, incorporer ? Alors il s'engage dans une carrière qui n'a pas de terme !* Quelle prémonition !

Il commence déjà à soupeser les chances de chacun de revenir au pouvoir, pour le cas où Bonaparte serait vaincu, et pourtant Waterloo ne surviendra que quinze années plus tard ! Alors, tout en flattant le Premier consul pour ses succès, il prend connaissance, par son cabinet noir, de quelques conspirations naissantes, qu'il encourage du bout des lèvres, sans se compromettre pour autant. Dans le même temps il informe son maître sur ces "complots", l'assurant qu'il ordonne les enquêtes nécessaires à la découverte des factieux. Encore le double jeu mené par ce cher Maurice, jeu auquel il excelle peut-être encore davantage qu'à celui du whist, qu'il pratique pourtant chaque soir et jusqu'à une heure avancée de la nuit !

Bien qu'il soit prêt à trahir Bonaparte -pour peu que son propre intérêt l'exige- cela ne l'empêche pas pour l'heure de lui écrire des lettres où la flagornerie le dispute à la duplicité. Ainsi, avant de partir à Bourbon l'Archambault pour y suivre une cure thermale, l'incorrigible thuriféraire qu'il est écrit notamment au jeune général corse : *Permettez-moi de vous répéter que je vous aime, que je suis affligé de partir, que j'ai la plus grande impatience de revenir près de vous, et que mon dévouement ne finira qu'avec ma vie,* ou cette autre complaisance du même cru : *Je n'aime point votre bibliothèque, vous y êtes trop longtemps ; je la crois humide, les rez-de-chaussée ne vous valent rien, vous êtes fait pour les hauteurs !* Enfin il atteint les sommets de la servilité en déclamant : *Permettez-moi d'emprunter à l'histoire d'une amitié célèbre ce qu'un ministre de Henri IV disait à son maître : Depuis que je suis attaché à votre sort, je suis à vous, à la vie et à la mort.*

Toujours à la recherche de la paix, mais aussi du calme à l'intérieur du pays, afin que l'économie de la France puisse redevenir florissante, Talleyrand travaille à la signature du traité de Lunéville. Il y parvient tout en empochant des sommes considérables, sans doute plus de douze millions de francs, grâce au même mécanisme tout à fait simple, qui a déjà fait merveille il y a peu ; alors pourquoi se gênerait-il ? En effet, dans cette affaire, comme dans celle de la rente, lors du coup d'Etat du 18 brumaire, Talleyrand se sert des informations qu'il détient. C'est ainsi qu'il sait pertinemment que la rente servie par les Pays-Bas autrichiens continuera d'être payée, puisque le projet du traité de paix de Lunéville qu'il prépare le prévoit expressément, alors que des rumeurs persistantes laissent entendre que la rente ne sera plus honorée. L'opinion publique s'alarmant, les effets sont immédiats, et le cours de la rente chute de façon spectaculaire. Bien entendu notre ami en profite pour en acheter le plus qu'il peut, et la revend le lendemain de la signature du traité, à un cours qui est remonté de manière vertigineuse.

C'est comme cela qu'il s'enrichit honteusement, mais sans aucun scrupule, lui qui écrivait deux années auparavant, dans un rapport qu'il adressait au Conseil d'Etat, à propos de la carrière diplomatique : *Le diplomate modèle doit faire preuve d'un désintéressement à toute épreuve !* Nous venons de le constater, pour notre ami un traité de paix c'est avant tout un bon moyen de s'enrichir. Pourtant à l'époque de la Législative, lorsqu'il fut envoyé à Londres, il donnait alors une tout autre définition de ce que devait être un traité de paix : *Qu'est-ce qu'un traité de paix ? C'est celui qui, réglant l'universalité des objets en contestation, fait succéder non seulement l'état de paix à l'état de guerre, mais l'amitié à la haine.* Belle pensée en vérité ! On aimerait croire à la grandeur d'âme et à la sincérité de son auteur. Hélas...

Talleyrand a ainsi - pour les autres surtout - des idées bien arrêtées sur la manière de servir en diplomatie. Il préconise notamment, reprenant à son compte les enseignements du duc de Choiseul : "Il faut faire travailler ceux qui travaillent, alors les journées auront plus de 24 heures." Dans son ministère des Relations extérieures, il choisit ses collaborateurs selon des critères qui n'appartiennent qu'à lui, et les surprises des récipiendaires sont parfois douloureuses. Ainsi, un jeune diplomate que notre ami vient d'engager le remercie chaleureusement et, laissant éclater sa joie, s'exclame : "Enfin ! pour la première fois de ma vie, j'ai de la chance." Et Talleyrand de lui dire : *Comment ça, vous n'avez jamais eu de chance ? Alors, jeune homme, j'annule votre nomination !*

Les rapports de Charles-Maurice avec ses collaborateurs ne sont pas bien académiques. Il faut dire qu'il n'a pas lui-même une manière très orthodoxe de conduire les affaires. Pourtant il a toujours su s'entourer d'agents efficaces et d'un rare dévouement, au nombre desquels on peut citer ses complices et compagnons : Radix Sainte Foix, Alexandre-Maurice Blanc de La Nautte d'Hauterive et La Besnardière "qui n'aime à entendre sonner ni les minuits ni les deux heures du matin !" Pour ses secrétaires, les Durand de Mareuil, Bresson et autres Laforêt, exécuteurs de ses décisions et traducteurs de ses pensées, le fait qu'il les paie très généreusement n'explique pas entièrement l'attachement indéfectible qu'ils lui témoignent.

Talleyrand est de nature indolente, il est même paresseux, et, pour sa correspondance, il se borne à donner à ses collaborateurs l'idée générale du document qu'ils doivent rédiger. De sa part, c'est à peu près tout ce qu'il condescend à faire ! Quand on lui présente la lettre demandée, il la lit avec attention, et s'il n'en est pas pleinement satisfait, il replie le papier et le remet à son auteur en lui disant : *Ce n'est pas cela*, ou *Ce n'est pas encore cela* ou bien encore *Ce n'est pas tout à fait cela*, sans autre explication. Il faut deviner ce qu'il souhaite jusqu'à ce que l'on obtienne le cri de triomphe *Ah! c'est cela !*, et d'ajouter : *Celui qui ne comprend pas d'un regard ne comprend pas d'une longue explication.*

Et si Talleyrand se comporte avec indolence et lenteur (festina lente) il demande à ses collaborateurs d'adopter le même comportement. C'est en tout cas ce qu'il tente d'expliquer à Nompère de Champagny, lorsqu'en 1807 ce dernier lui succédera aux Relations extérieures. En lui présentant le personnel du ministère, notre ami déclare : *Vous le trouverez fidèle, habile, exact, mais grâce à mes soins, nullement zélé.* Devant le grand étonnement marqué par le nouveau ministre, il explique avec le plus grand sérieux du monde : *Tous ici se sont déshabitués de l'empressement. Quand vous aurez eu à traiter un peu de temps des intérêts de l'Europe avec l'Empereur, vous verrez, Monsieur, combien il est important de ne pas se hâter de sceller et d'expédier trop vite ses volontés.* D'ailleurs plus tard Napoléon confirmera les dires de notre personnage, lorsqu'il écrira à Champagny : "Vous devez toujours garder mes lettres trois ou quatre jours sous votre chevet avant de les faire partir."

CHAPITRE 15

LE MARIAGE

"C'est une si belle chose le mariage qu'il faut y songer toute sa vie !"

Les relations entre Talleyrand et Bonaparte n'ont pas toujours été faciles car leur caractère, leur éducation, leurs origines surtout les opposent. Et si Bonaparte apprécie Talleyrand, c'est essentiellement pour son esprit et ses manières aristocratiques. En fait cela le change du ton, tout à la fois rude et plat, "à la jacobine", qui chez les révolutionnaires l'a toujours heurté. Bonaparte n'est pas un aristocrate, loin de là, mais il est conscient qu'il a besoin de la noblesse pour recréer une société hiérarchisée ; aussi favorise-t-il le retour de quelques nobles émigrés en s'exclamant sur le ton de la plaisanterie : "Laissez venir à moi tous les ci-devant !" Nous le savons, Bonaparte, dès le début de ses relations avec notre personnage, a été séduit par la noblesse de ses origines et impressionné par le nom illustre qu'il porte. C'est ce qu'il avoue à Cambacérès lors d'une conversation : "Il a beaucoup de ce qu'il faut pour les négociations : l'esprit du monde, la connaissance des Cours de l'Europe, de la finesse pour ne pas dire quelque chose de plus, une immobilité dans les traits que rien ne peut altérer, enfin un grand nom... Je sais qu'il n'appartient à la Révolution que par son inconduite ; Jacobin et déserteur de son ordre dans l'Assemblée constituante, son intérêt nous répond de lui."

Il est un fait notoire : Bonaparte est doté d'un caractère violent, emporté et orgueilleux. Cela lui vaudra d'ailleurs un certain nombre de déboires qui le conduiront à des situations extrêmement difficiles. C'est ainsi que par orgueil et entêtement et pour ne pas avoir cédé à l'Angleterre sur la question de Malte, il entraînera la France dans la guerre.

Pour l'instant, c'est un tout autre combat qu'il s'apprête à livrer, et dans lequel Charles-Maurice sera directement impliqué. En effet le Premier Consul veut rétablir le culte catholique et redonner un peu plus de moralité à la société française. Vaste programme ! Notre ami est doublement concerné ; en effet, n'appartient-il pas encore à l'Eglise malgré qu'il ait abandonné l'évêché d'Autun ? et Mme Grand n'est-elle pas sa maîtresse ? Bonaparte va le mettre en demeure de se marier, ou bien alors, ce sera le cardinalat, car le futur Empereur ne peut tolérer cette situation de désordre, touchant l'un de ses plus proches collaborateurs.

Cependant une autre raison a été avancée ; en effet on a soupçonné Bonaparte d'avoir poussé son ministre à ce mariage pour le déconsidérer aux yeux de l'opinion. Il est vrai que, pour avoir trahi l'Eglise et mené une vie scandaleuse Talleyrand apparaît comme étant un personnage bien singulier, objet de louanges de la part des uns, de sarcasmes et de haine de la part des autres, et de l'étonnement de tous.

Pour ce qui concerne le rétablissement de la religion, Charles-Maurice, après avoir fait montre d'une assez mauvaise volonté, finit par conforter son maître dans ses desseins, en lui déclarant, non sans un certain cynisme : *Il n'y a que la religion qui puisse faire supporter aux hommes les inégalités du rang, parce qu'elle console de tout !* Curieux sermon tout de même pour un ancien abbé ! En réalité le Concordat se fera sans lui, mais, beau joueur, il reconnaîtra plus tard dans ses Mémoires : *Lorsqu'en 1801 Napoléon rétablit le culte catholique en France, il a fait non seulement acte de justice, mais aussi de grande habileté... Le Napoléon du Concordat c'est le Napoléon vraiment grand, éclairé, guidé par son génie.*

Par contre, pour ce qui est du mariage, rien ne presse ! Aussi fera-t-il en sorte que ce projet aboutisse... le plus tard possible. Il faut dire que notre personnage a une curieuse opinion du mariage ; ne dit-il pas à son propos : *C'est une si belle chose, le mariage, qu'il faut y songer toute sa vie !*

Le pape Pie VII envoie un ambassadeur, mais les discussions s'enlisent car on achoppe sur le problème des prêtres mariés. Enfin, une convention est établie ; elle prévoit la constitution d'un clergé consulaire de soixante évêques. Pour le reste, ce sont d'anciens évêques jureurs qui se voient retirer leur diocèse, tout en gardant le titre d'évêque. A la demande du pape, la majorité d'entre eux s'inclinent, et renoncent à leur siège épiscopal. Seuls trois ou quatre évêques refusent et donnent naissance à la "Petite Eglise" qui existe encore de nos jours dans le sud-ouest de la France.

Pour notre ami, le pape exige tout de même un semblant de bonne volonté : "Le Saint-Père ne peut absoudre sans au moins quelque signe, si discret soit-il, de repentir" affirme Consalvi. Charles-Maurice s'exécute de mauvaise grâce, et adresse au Saint-Père une lettre très évasive, que celui-ci feint de prendre pour une demande d'absolution. Bonaparte, de son côté, sollicite Pie VII pour qu'il accorde à son ministre des Relations extérieures un bref de sécularisation, "Eu égard, écrit-il, à tous les services qu'il a rendus à l'Eglise" (!!!) Dans son bref, le pape autorise cette brebis égarée à porter l'habit séculier (mais il y a longtemps qu'il a jeté sa soutane aux orties), à ne plus dire la messe, ce qui, il faut bien l'avouer, ne change pas grand-chose, puisqu'il ne l'a dite que sept fois en tout et pour tout, depuis qu'il est évêque ! Le bref lui permet aussi de gérer les affaires civiles, mais de permission de mariage pour l'ex-pensionnaire de Saint-Sulpice, point !

Bien que le Conseil d'Etat ait approuvé du bout des lèvres le bref papal, rien n'est réglé pour autant, et si notre ami est contrarié, il n'en laisse rien paraître, comme à son habitude. A ce sujet Stendhal dit de lui : "Jamais visage ne fut moins baromètre !" L'impassible sang-froid en toute occasion ! Il est vrai que Talleyrand possède la faculté étonnante de pouvoir dissimuler ses sentiments, et c'est une arme redoutable lorsque l'on s'occupe de diplomatie et qu'il faut mener les négociations.

Cependant, et puisque le Concordat a été signé, Bonaparte entend bien poursuivre son œuvre moralisatrice. Après avoir réinstallé l'ancienne société dans des normes plus convenables, il s'attaque à "Monsieur l'évêque d'Autun" qu'il veut absolument marier, à défaut d'avoir pu le séparer de Mme Grand, ou d'en avoir fait un cardinal. Pour régler ce problème apparemment insoluble, il a recours à un tour de passe-passe peu honorable. Il fait donc paraître dans le "Moniteur", en date du 19 août 1802, une lettre indiquant que Sa Sainteté Pie VII vient de rendre un bref, par lequel le citoyen Maurice Talleyrand est rendu à la vie séculière et laïque, en ajoutant que le bref aura son plein et entier effet. Le pape, à la lecture de cet article, est complètement atterré, ce dont ledit Talleyrand se moque éperdument, puisque le 9 septembre 1802 il épouse Catherine-Noël

Worlée ex-Mme Grand. Charles-Maurice est âgé de 48 ans, et la jeune mariée a tout juste 39 ans.

Pour l'anecdote, il faut signaler que l'acte de mariage stipule que les parents du marié sont tous deux décédés, alors que Mme de Talleyrand est encore bien vivante. On peut se demander s'il s'agit d'une nouvelle indélicatesse envers l'auteur de ses jours, qui, connaissant bien sa vraie nature, désapprouve ce mariage sacrilège, ou bien, si au contraire, c'est l'intention louable de ne pas mêler le nom de sa mère à cette union scandaleuse. A son retour d'exil, en 1803, les égards qu'il a eus pour elle inclinent cependant à nous faire choisir la seconde hypothèse.

Le mariage a donc bien lieu, soit ! mais M. Grand vit toujours en Europe, et sa présence est pour le moins gênante pour les nouveaux époux. Aussi lui écrit-on qu'il serait bienséant qu'il allât faire un long voyage, au bout du monde si possible, et qu'il serait du meilleur goût qu'il n'en revînt pas ! Mais M. Grand se fait tirer l'oreille, sans doute pressent-il tous les avantages qu'il peut tirer de cette situation extrêmement particulière. Alors on exerce des pressions, et bien vite le ministre de la République Batave, que l'on a sollicité, expédie M. Grand au cap de Bonne-Espérance, avec le titre de Conseiller privé extraordinaire, et un traitement de 2.000 florins, juste de quoi apaiser les derniers scrupules et les ultimes réticences d'un ex-mari, si inopportun pour les nouveaux époux !

Lorsque Mme de Talleyrand paraît en public pour la première fois en présence de Bonaparte, celui-ci l'apostrophe en ces termes : "J'espère que la bonne conduite de Madame de Talleyrand fera oublier les légèretés de Madame Grand !" Et Catherine de lui répondre sans se départir : "Je ne saurais mieux faire que de suivre, à cet égard, l'exemple de la citoyenne Bonaparte !" Ce qui démontre que son esprit est beaucoup plus vif qu'on a bien voulu le dire, même s'il est vrai qu'à cette époque, elle a déjà acquis une solide réputation de sottise. Ce dernier trait de caractère de son épouse est pour Talleyrand le seul point vulnérable qu'on lui connaisse, et sur lequel il sera cependant beaucoup attaqué. Pensez ! il est si tentant de colporter que l'épouse de l'homme le plus intelligent d'Europe est complètement idiote ! Il est vrai aussi que certaine anecdote ne plaide guère en la faveur de celle que l'on appelle l'Indienne. En effet Catherine Worlée est née à Tranquebar, colonie danoise des Indes, et lorsqu'à plaisir on lui demande : "Mais d'où êtes-vous ?", elle répond invariablement, en dépit des gloussements moqueurs et des sourires narquois qui accompagnent chaque fois sa réponse : "Je suis d'Inde !"

Hélas, il y a pire encore, si cela se peut ! Un jour, Charles-Maurice, en compagnie de son épouse, reçoit un tragédien venu présenter sa pièce, sans doute dans l'espoir d'obtenir quelques subsides. Aussi lui demande-t-on d'expliciter le sujet de cette pièce, d'en planter le décor en quelque sorte. L'auteur s'exécute de bonne grâce : "Voilà dit-il, la scène est à Lyon..." C'est alors que Mme de Talleyrand interrompant brusquement l'auteur, et se tournant vers son mari, s'exclame : "Voyez-vous, mon ami, j'avais raison, Monsieur dit que " la Seine " est à Lyon, et vous qui vouliez que ce fût la Saône qui coulât à Lyon !!!"

Mme de Talleyrand est très belle. "Grande de taille , des plus élégantes nous dit-on, avec la stature d'une nymphe, un teint d'une délicatesse qui n'a encore jamais été égalée, des cheveux châtain doré à profusion, de beaux yeux bleus, avec des sourcils admirables qui lui donnent un aspect des plus singulièrement piquants." Hélas ! elle ignore les manières, les usages et l'esprit du monde. Son mari lui fait bien donner des cours de maintien, ce qui n'a d'effet que de la rendre plus vaniteuse encore. C'est ce qu'observe une visiteuse suisse, de passage à Paris, qui remarque : *Elle craint toujours d'être trop polie, et s'épargne de cet embarras, en ne l'étant point du tout !*

C'est sans doute à partir de ce constat amer que son mari s'éloigne d'elle et, fataliste, se résigne à ce qu'elle demeure ainsi, se contentant de décocher cette volée de flèches : *Elle est bête avec délice. Elle a de l'esprit comme une rose . Bêtise et vanité sont son lot !* Il ne peut cependant s'empêcher d'ajouter une autre méchanceté à l'égard de celle qu'il vient d'épouser, sans doute en pensant à Mme de Staël, qui, elle, est une femme fort intelligente mais ô combien tumultueuse : *Il faut avoir aimé une femme de génie pour savourer le plaisir qu'on éprouve à en avoir épousé une bête !*

Plus tard, Bonaparte, s'inquiétant de la sottise de la femme de son ministre des Relations extérieures, demandera à ce dernier s'il ne craint pas que la bêtise de l'ex-Mme Grand lui cause des désagréments, dans l'exercice de sa carrière diplomatique. La réponse que Talleyrand lui fera est à la fois cynique et terrible : *Vous avez raison, Sire, une femme d'esprit compromet souvent son mari, une femme bête ne compromet qu'elle seule !* Et, non content de ce trait assassin, il se permettra d'ajouter : *Sur ce rapport je ne pouvais espérer trouver une femme mieux douée !*

Il n'y a pas que Bonaparte pour se poser des questions au sujet de la nouvelle épouse de notre ami. Dans son entourage on est abasourdi. Même son fidèle valet Courtiade, qui l'a suivi pendant son long exil américain, ne peut s'empêcher de penser tout haut : "Qui aurait pu croire que nous fissions une telle sottise, nous qui avons eu toutes les plus belles dames de la Cour ? Nous qui avons eu cette charmante comtesse de Brionne ; finir par nous loger comme cela, c'est à peine croyable." Pour la première fois M. de Talleyrand vient de commettre une faute de goût. Même la rue s'en est mêlée. Bientôt un quatrain moqueur circule dans tout Paris, il est dédié à la nouvelle Mme de Talleyrand surnommée "Blanchette" pour l'occasion.

Blanchette a quarante ans, le teint pâle et plombé,
Blanchette cependant épouse un noble abbé ;
Pourquoi s'en étonner ? Quand chacun la délaisse,
Toute catin se range et devient Mère abbesse.

La presse aussi s'est fait l'écho de ce curieux mariage. Le journal des "Hommes libres" fait paraître cet article peu élogieux : "Le ministre des Relations extérieures, revenu de ses fredaines de son galant célibat, vient d'épouser à l'acquit de sa conscience . La femme qu'il prend est âgée de quarante ans et jouit d'une très grande fortune. Ce mariage diplomatique n'est point bête, et si Talleyrand n'arrive pas quelque part, ce ne sera pas faute de prendre le bon chemin."

CHAPITRE 16

L'AFFAIRE DU DUC D'ENGHIEN

"Otez du monde l'amour-propre et l'intérêt, vous en ôterez l'apparence de bien des vertus et presque tous les vices !"

Sur les conseils de Bonaparte, et grâce à son aide financière, Charles-Maurice achète le château de Valençay, situé près de Châteauroux. Peu après, son maître le charge d'une mission embarrassante, consistant à proposer à Louis XVIII de renoncer à ses droits sur le royaume de France. Talleyrand s'acquitte de cette tâche, peu ému par le fait qu'il n'y pas si longtemps encore il entretenait des contacts avec les royalistes, pour le cas où Bonaparte aurait échoué dans sa conquête du pouvoir ; le futur prince de Bénévent est déjà celui des revirements et des trahisons ! Bien entendu, il essuie un refus cinglant de la part de Louis XVIII, qui lui vouera désormais une haine farouche, que notre ami lui rendra bien.

Revenu de cette peu glorieuse mission, il cherche maintenant à rassurer les esprits, car la Constitution, œuvre de Sieyès, a été écrite, *avec des baïonnettes*, selon sa propre expression, et il ajoute : *On peut tout faire avec des baïonnettes, sauf s'asseoir dessus !* A propos de Sieyès et de la manière dont il établit ses constitutions, Charles-Maurice émet cet avis pour le moins fort peu aimable : *Quand il rédige une constitution, il traite le pays auquel elle est destinée comme un lieu où les hommes qui y sont établis n'ont jamais rien senti, jamais rien vu !* Il se met donc au travail en ce début d'année 1804, année pendant laquelle il va fêter ses 50 ans, et qui verra aussi la naissance d'Eugène Sue, ainsi que l'emprisonnement du marquis de Sade à Bicêtre. Mais c'est surtout l'année durant laquelle les complots contre le futur Empereur vont se multiplier. Pichegru, Cadoudal passent aux actes, et Talleyrand, soucieux de la survie du Premier Consul, s'emploie à le protéger.

Il va même aller beaucoup plus loin, et pas seulement dans le but de sauvegarder son maître. En effet, persuadé, à juste titre semble-t-il, des sentiments peu amènes de Louis XVIII et de tous les Bourbons à son égard, il va leur couper définitivement la route du retour à la royauté. Ces Bourbons, à propos desquels il dit perfidement : *La nature a placé les yeux sur le front des gens pour qu'ils regardent en avant. Mais les Bourbons les ont de l'autre côté et regardent en arrière !*

Pour atteindre son but, il raconte à Bonaparte que le duc d'Enghien complote contre lui. Il fait tant et si bien qu'il finit par le convaincre de faire arrêter le petits-fils du prince de Condé, chef des émigrés. Cependant le duc d'Enghien n'est pas en France, on le fait donc enlever en territoire badois, puis il est conduit aussitôt à Paris. Malgré les supplications de Joséphine, Bonaparte ne cède pas ; relancé sans cesse par son ministre des Relations extérieures, il laisse la machination suivre son cours tragique. Il dira plus tard : "Je croyais Talleyrand trop habile et trop prévoyant pour ne pas me conseiller tout ce qui était dans l'intérêt de la conservation de mon pouvoir, et de la tranquillité de la France." Il semble bien que le futur Empereur, à cet instant, se fasse encore des illusions sur la véritable nature de son serviteur.

Plus tard encore, en 1809, alors que notre personnage, selon une habitude déjà bien ancrée chez lui, commence à se laver les mains de ce crime dont il porte l'entière responsabilité, Napoléon confiera à Hortense : "Je le trouve plaisant de faire ses tours à mes dépens. Est-ce que je connaissais le duc d'Enghien ? Est-ce que je voulais le faire mourir ?" Hortense qui voit Talleyrand évoluer dans cette intrigue mortelle, fait part à Joseph de sa frayeur : "Ce boîteux me fait trembler."

Au cours de cette dramatique affaire, Talleyrand a tout organisé, et un jugement sévère doit être porté sur lui. Autour de lui pourtant, d'aucuns se montrent réticents. Ainsi Cambacérès s'est-il opposé à l'enlèvement et à l'exécution du duc d'Enghien ; mais Bonaparte lui-même, convaincu par son ministre des Relations extérieures de la nécessité de cette action, lui lance à la figure cette réflexion acerbe : "Vous êtes devenu bien avare du sang des Bourbons !" Le maître du pays n'a pas senti que dans cette lamentable histoire, Talleyrand travaillait davantage pour son propre intérêt que pour celui de la France. "Il a voulu, selon le mot de Barras, mettre entre les Bourbons et Napoléon un fleuve de sang." Pourquoi ce dernier n'a-t-il donc pas écouté Talleyrand, lorsque celui-ci s'exclamait : *Otez du monde l'amour-propre et l'intérêt, vous en ôterez l'apparence de bien des vertus, et presque tous les vices !* Il en eût tiré un grand profit pour lui-même, et fait l'économie du déshonneur de la mort du duc d'Enghien.

En effet, ce dernier est fusillé en pleine nuit, dans les fossés de Vincennes, après un simulacre de justice. Il meurt avec beaucoup de courage et de dignité, et, détail sordide, pour permettre aux soldats du peloton d'exécution d'accomplir leur triste besogne, on a accroché à son épaule un falot pour indiquer l'emplacement du cœur. A deux heures du matin, tout est terminé. Pendant ce temps là, l'esprit serein et la conscience en paix, Monsieur de Talleyrand-Périgord joue aux cartes, au creps paraît-il, chez la duchesse de Luynes. Et lorsque deux heures du matin sonnent à la pendule du salon, il lâche laconiquement : "Messieurs, le dernier Condé a cessé d'exister."

Dans cette affaire Talleyrand a agi en sous-main, pourtant, et bien qu'il s'en défendra par la suite avec force, c'est lui qui a été le véritable instigateur de cet assassinat. Un peu plus tard, sûr de son impunité, il pourra déclarer : *Y a-t-il de quoi faire tant de bruit ? Un conspirateur est saisi près de la frontière, on l'amène à Paris, on le fusille, qu'est-ce que cela a de si extraordinaire ? Eh bien quoi ce sont les affaires !* Mais auparavant il aura pris la précaution de détruire toutes les preuves matérielles de ses interventions ; toutes, à l'exception d'une seule lettre que Chateaubriand a eu entre les mains, et qui révèle le rôle prépondérant qu'a joué notre personnage dans cette machination.

Nous l'avons dit, l'Impératrice Joséphine, veuve du comte de Beauharnais, a tenté d'infléchir la décision de son mari, en l'adjurant de renoncer à cette entreprise funeste. Lorsque l'on sait qu'en réalité, c'est Talleyrand qui manoeuvre en coulisse, on ne peut s'empêcher de rester méditatif devant autant de cynisme. En effet, Joséphine et Talleyrand, il y a cinq ans à peine, étaient très intimes, sans doute même furent-ils amants. Elle le surnommait alors "Cri" (diminutif de Charles-Maurice) et ils s'étaient rapprochés l'un de l'autre, en raison de leur commun goût de l'argent. Tous deux étaient en effet extrêmement dépensiers, et notre ami, par calcul vraisemblablement, a mis à la disposition de la future impératrice des sommes importantes.

Si l'on ne peut affirmer de façon péremptoire qu'ils eurent des relations amoureuses, une lettre de Joséphine à Charles-Maurice depuis Mayence, et datée de 1806, laisse deviner des sentiments bien tendres, que la seule amitié ne peut tout à fait expliquer. Voici quelques lignes qu'elle écrivait alors : "Monsieur le prince de Bénévent, votre lettre m'a fait plaisir, mais il semble que depuis que vous êtes à Berlin, vous êtes devenu bien politique et que vous oubliez la chambre solitaire où l'on s'occupe quelquefois à pleurer, ce qui arrive encore... Je compte sur votre amitié pour y répandre un peu de joie et pour me donner des nouvelles de ce qui m'intéresse le plus... Adieu Monsieur, soyez bien convaincu du sincère attachement que je vous ai voué."

CHAPITRE 17

L'EMPEREUR

"Vivat imperator aeternum !"

Après avoir fait voter le principe de l'hérédité, Charles-Maurice pousse Bonaparte vers le trône. Il voudrait en faire un roi, mais le Premier Consul, plus perspicace en cette occasion, préfère le titre d'Empereur, celui de roi de France risquant de rappeler à beaucoup de bien mauvais souvenirs. D'ailleurs il a bien d'autres raisons de renoncer à la royauté, c'est ce qu'il confie un peu plus tard à Joséphine et à Mme de Rémusat : "Talleyrand voulut que je fusse roi, c'est le mot de son dictionnaire. Il se serait cru tout de suite redevenu grand seigneur sous un roi ; mais je ne veux de grands seigneurs que ceux que je ferai ; et puis un titre de roi est usé, il ferait de moi une espèce d'héritier ; je ne veux l'être de personne."

C'est donc par décret qu'il devient Napoléon Bonaparte, Empereur des Français, et si sa nomination ne revêt pas un caractère fondamentalement démocratique, il n'en reste pas moins que le peuple de France est tout heureux de cet avènement.

Charles-Maurice est, quant à lui, nommé grand chambellan de la Cour, et c'est à ce titre qu'il est chargé de l'organisation du couronnement de l'Empereur. La cérémonie se déroule en présence du pape Pie VII, que l'on a finalement contraint à venir célébrer la messe du sacre. Sa Sainteté va de surprise en surprise. Tout d'abord Elle est accueillie par l'ex-évêque d'Autun dans la cour du Fer-à-cheval de Fontainebleau. On imagine aisément son indignation, et encore ne sait-elle pas que son ancien évêque s'est marié religieusement ! Mais Elle tombe de Charybde en Scylla lorsqu'on lui apprend que le futur Empereur et Joséphine se sont mariés sans avoir reçu la bénédiction de l'Eglise ! Il faut tout le talent et toute la persuasion de Talleyrand pour que le pape ne reparte pas aussitôt pour Rome, et accepte de régulariser la situation de celui qui va être couronné Empereur et celle de sa femme. Quelques instants avant de prêter serment, Napoléon reçoit l'accolade du pape qui, se tournant vers la foule réunie, lance un sonore " Vivat imperator aeternum ! "

Le début de l'année 1805 est difficile pour notre ami. En effet, le nouvel Empereur rêve maintenant de devenir roi d'Italie ! Bien entendu, un tel projet ne peut que déplaire à l'Angleterre et à l'Autriche. Talleyrand entrevoit bien que la paix est à nouveau menacée ; il s'emploie donc à persuader son maître de renoncer à cette ambition. Comme ce dernier lui fait savoir qu'il n'envisage pas de changer ses projets, une fois encore, il se plie à sa volonté, soucieux qu'il est avant tout de ne pas déplaire. Pire même, il va jeter de l'huile sur le feu, en traitant l'Autriche *d'Etat en décomposition . C'est du fumier !* dira-t-il.

Tout à ses idées de conquêtes, Napoléon part pour l'Italie à la tête de ses armées. Il en reviendra comme il l'avait souhaité paré du titre de roi d'Italie, après s'être lui-même posé la couronne sur la tête, en prononçant la formule sacramentelle : "Dio me l'ha data, guai a chi la tocchera !" Ce qui signifie : "Dieu me l'a donnée, malheur à celui qui la touchera !"

Ce que Talleyrand a pressenti se réalise rapidement : l'Autriche adresse à la France un ultimatum. Mais Napoléon, qui vient de vaincre l'Italie sans coup férir, n'entend pas céder à cette menace. Charles-Maurice, à qui l'on peut faire bien des griefs, a cependant le mérite de lui conseiller à nouveau la modération. Mais, pas plus que les autres fois, il ne sera écouté car l'Empereur ne songe qu'à envahir l'Angleterre ; c'est devenu chez lui une véritable obsession. Toutefois la force maritime de "la perfide Albion", et un certain Nelson croisant avec sa flotte, à l'entrée de la Manche, l'obligent à reporter son projet d'invasion. Peu découragé par ce contretemps, il fait exécuter à son armée un formidable demi-tour en direction du Rhin et d'Ulm, où il remporte une facile victoire. Hélas, la nouvelle de la défaite de Trafalgar survient deux jours plus tard et assombrit quelque peu la joie de l'Empereur. Le grand Chambellan console son maître par cette flagornerie de son cru : *Que voulez-vous, Sire, le génie et la fortune étaient en Allemagne !*

Au soir de la capitulation d'Ulm, il adresse à Napoléon un très long rapport pour lui conseiller, comme il l'a déjà fait à plusieurs reprises, de pratiquer la politique de la main tendue vis-à-vis de la Maison d'Autriche. Mais à nouveau, celui que ses détracteurs surnomment "l'Ogre", rejette cette proposition et s'engage plus en avant dans la guerre. Pour sa part, Talleyrand tente encore de sauver l'Empire et la France, même au prix d'un affrontement non dénué de dangers avec le maître de l'Europe. Ainsi que l'a souligné Albert Sorel dans ses Lectures historiques : "Cette idée de faire la paix lui semblait le seul moyen de revenir à nos traditions séculaires pendant cette aberration de l'histoire de France qui conduisit la République à la dictature militaire, la dictature militaire à la monarchie universelle, et la monarchie universelle à la catastrophe de Moscou."

Il faut reconnaître à notre ami cette constance dans ses sentiments et ses idées à propos de la nécessité de conclure une paix durable. En effet il a eu le mérite de tenir tête à l'homme si prégnant qu'était l'Empereur à cette époque, et s'il l'a trahi, c'est aussi parce que son maître n'a pas voulu le suivre dans cette voie pacificatrice. Celui-ci ne peut pas lui reprocher de ne pas l'avoir averti s'il se souvient des lettres que Talleyrand lui a écrites au tout début de leur rencontre ; ces lettres, dans lesquelles le nouveau ministre des Relations extérieures du Directoire l'appelle déjà : *général pacificateur !*

Plus tard, au lendemain de la victoire de Friedland, nous sommes alors le 14 juin 1807, il lui écrira ceci : *J'apprends, enfin, quelques détails de la bataille de Friedland ; et j'en connais à présent assez pour savoir qu'elle sera comptée parmi les plus célèbres dont l'histoire perpétuera le souvenir. Mais ce n'est pas seulement sous des rapports de gloire que je me plais à l'envisager ; j'aime à la considérer comme un signe avant-coureur, comme un garant de la paix, comme devant procurer à Votre Majesté le repos qu'au prix de tant de fatigues, de privations et de dangers, elle assure à ses peuples ; j'aime à la considérer comme la dernière qu'elle sera forcée de remporter ; et c'est par là qu'elle m'est chère ; car toute belle qu'elle est, je dois l'avouer, elle perdrait à mes yeux plus que je ne puis dire, si Votre Majesté devait marcher à de nouveaux combats.* Hélas pour la France, Friedland ne sera pas la dernière bataille que l'Empereur livrera.

Mais avant Friedland et après Ulm, il y a Austerlitz, et Charles-Maurice, avec beaucoup de bon sens, revient à la charge auprès de Napoléon, l'adjurant d'offrir l'alliance au vaincu, plutôt que de chercher son anéantissement. Il rappellera alors les pensées pleines de sagesse qu'il avait exprimées en 1792, pendant son séjour à Londres : *La France doit renoncer aux anciennes idées de primatie. La richesse réelle consiste non à envahir les domaines d'autrui, mais à bien faire valoir les siens. La France doit rester circonscrite dans ses propres limites. Elle le doit à sa gloire, à sa justice, à sa raison, à son intérêt et à celui des peuples qui seront libres par elle.*

Quel sens aigu de la prémonition ! surtout si l'on songe qu'il a tenu ces propos, il y a presque quinze ans. D'ailleurs, il ne fait que les confirmer lorsqu'il supplie l'Empereur de faire la paix : *Sire, la France est bien assez grande ! La vraie primauté est d'être maître chez soi, et de n'avoir jamais la ridicule prétention de l'être chez les autres ;* et d'ajouter : *La véritable force est celle qui se modère, la véritable grandeur est celle qui se limite.* Ce sont à peu près les mêmes propos qu'il tenait à Danton le 27 novembre 1792 lorsqu'il lui déclarait : *La véritable primauté, la seule utile et raisonnable, la seule qui convienne à des hommes libres et éclairés, c'est bien d'être maître chez soi...*

Nous le savons, dans les deux cas il ne sera pas écouté, et c'est sans doute là qu'il faut rechercher les raisons qui vont conduire Talleyrand à délaisser la cause impériale pour la cause royale. Il faut dire que notre ami n'est pas l'homme des fidélités têtues. Il n'est fidèle qu'à son propre intérêt et à son bonheur. Il n'est pas non plus le martyr se complaisant dans son malheur, il est le compagnon du succès. Ce don d'ubiquité qui le caractérise si parfaitement lui vaut nombre de pamphlets, dont celui-ci n'est certainement pas le plus méchant :

"Dans le parti qui lui paie un salaire,
Furtivement il glisse un pied douteux,
L'autre est posé dans le parti contraire

Mais c'est le pied dont Maurice est boîteux."

La paix de Presbourg punit l'Autriche et pardonne à la Prusse, à l'encontre de toutes les suggestions faites par Talleyrand. Il est vrai qu'il n'aime guère la Prusse. Ne disait-il pas jadis à Mme Rombech, soeur des Coblenz : *La Prusse, vous croyez à la Prusse, Madame. Nous n'y croyons pas. Apprenez que la Prusse n'est ni pour vous ni pour nous : elle n'est que pour elle !*

Continuant son œuvre conquérante, Napoléon marche sur Naples, ce qui, on le comprend aisément, inquiète sérieusement le Saint-Siège. De surcroît, un autre sujet de querelle avec le Saint-Père surgit, cette fois-ci c'est à propos du domaine de Bénévent. Cette contrée appartient à Rome, mais Charles-Maurice la convoite ardemment, allez donc savoir pourquoi ! En fait il ne s'agit que d'un bien petit territoire et de peu de rapport. Encore que sur ce dernier point, notre ami ait bien une petite idée sur la manière dont on pourrait remédier à cet inconvénient.

Pour parvenir à ses fins, il lui suffit de convaincre Napoléon que Bénévent est en quelque sorte une épée de Damoclès menaçant la tranquillité de l'Empire, et que l'on ne saurait tolérer cette enclave du Saint-Siège au milieu des nouvelles possessions françaises. Plaidant pro domo, comme toujours, il ajoute, et cela est d'importance : *Sa Majesté serait sage de remettre cette principauté à celui qu'elle jugera le plus digne et le plus apte à la gouverner, à l'un de ses fidèles serviteurs par exemple...* Après une description aussi précise de l'heureux élu, Charles-Maurice, prévoyant la décision de l'Empereur, lui conseille d'en accroître le revenu, qui n'est alors que de 36.000 francs. Après une "suggestion" aussi pressante, mais également en remerciement de tous les bons services qu'il a rendus à la France, Napoléon lui attribue la principauté, à laquelle il adjoint le titre de duc et prince de Bénévent, ainsi qu'un revenu annuel de 60.000 francs.

Un message au Sénat ayant porté à l'attention de tous cette heureuse nouvelle, les félicitations affluent auprès du prince qui d'un air détaché prie ses admirateurs de les transmettre à son épouse : *Passez chez Mme de Talleyrand, c'est à elle qu'il faut faire compliment. Les femmes sont toujours charmées d'être princesse !* C'est ainsi que cette dernière signera désormais ses lettres : Catherine, princesse souveraine, et parfois même : princesse régnante !

Pour sa part, Son Altesse le prince de Bénévent ne rendra jamais visite aux 40.000 habitants de sa nouvelle possession. Quelque peu délaissé, ce pauvre pays connaît la corruption et l'anarchie. Bien informé de la vraie nature de notre homme, on aurait pu penser que c'eût été le cadet des soucis du prince régnant ! Heureusement, et contre toute attente, il fait montre d'une attention particulière pour sa nouvelle possession. Il est vrai qu'il a, sur place, un serviteur fidèle et zélé qui se charge de l'administration du pays. Il faut toutefois reconnaître à Talleyrand que l'intérêt qu'il porte à la principauté de Bénévent n'est en rien lié aux avantages financiers qu'il en retire, car ceux-ci sont tout à fait négligeables.

Un bienfait n'arrivant jamais seul, le ministre des Relations extérieures qu'il est envisage avec délice tous les profits qu'il peut tirer de la constitution de la Confédération du Rhin dont l'a chargé l'Empereur. Après avoir précipité la chute du Saint-Empire avec l'aide de l'archichancelier Dalberg, il prépare le nouveau statut de la Confédération. Il reçoit tour à tour les princes concernés, et se fait verser, par eux, d'importantes gratifications pour chaque traité signé, promettant aux uns ce qu'il vient d'accorder à d'autres. Il met ainsi en pratique une ses maximes favorites, bien accommodante pour sa conscience : *Pour faire fortune, ce n'est pas de l'esprit qu'il faut, c'est de la délicatesse qu'il ne faut pas !* En vérité s'il ne manque pas de l'un, l'autre lui fait singulièrement défaut !

Il amasse de cette manière une fortune considérable, ce qui fait persifler Decrés qui s'exclame : "Comment voulez-vous qu'il ne fût point riche, ayant vendu tous ceux qui l'ont acheté !"

Chapitre 18

LA FUITE EN AVANT

"Le sang d'un Français vaut mieux que toute la Pologne"

N'ayant pas voulu se montrer magnanime, Napoléon inquiète Frédéric-Guillaume de Prusse, à qui il veut retirer le Hanovre, déjà promis par Talleyrand à l'Angleterre, en signe de bonne volonté sur le chemin de la paix. La Prusse furieuse s'arme, alors que l'Angleterre est elle-même mécontente de ne pas obtenir ce qu'on lui a promis. Pourtant Talleyrand est plus que jamais désireux de voir s'instaurer la paix en Europe, mais la tournure des événements ne le rend guère optimiste. Tous ces mécontentements accumulés vont être le point de départ de ce que l'on peut appeler la fuite en avant.

Très rapidement, les armées napoléoniennes défont celles de la Prusse à Iéna. Après cette nouvelle victoire, l'Empereur impose le blocus continental à l'Angleterre, qu'il accuse d'encourager sur les mers la pratique des navires corsaires. Toutefois, pour parvenir à un blocus pleinement efficace, il lui faut se rendre maître de la totalité du continent. Par conséquent, Napoléon est contraint de mener la guerre contre la Russie. Pour l'heure, l'Autriche reste encore puissante, alors il doit faire preuve de patience, ce qui n'est pas la vertu première du grand stratège qu'il est cependant.

Pendant ce temps-là, notre ami assume les fonctions de

grand Chambellan, en organisant des soirées à Varsovie, où il vient de se rendre. Pour le plaisir de l'Empereur, il devient une sorte de "Tribunus voluptatum". C'est lui qui est chargé d'arranger les rencontres galantes de son maître ; à ce propos d'ailleurs, ce dernier a un jour lancé à son adresse : "Il a toujours les poches pleines de femmes !" Aujourd'hui, il a pris soin d'inviter au bal la comtesse Marie Waleska que Napoléon désire séduire. La place résiste et ne se rendra finalement qu'au bout de trois semaines !

De son côté, Charles-Maurice porte ses vues sur la nièce du roi Stanislas-Auguste de Pologne, dont le mari est tellement obèse qu'il ne peut même plus croiser les bras. C'est en quelque sorte un compagnon d'infortune du duc de Luynes, car pour lui aussi on a été obligé de faire une découpe à sa table afin qu'il puisse s'asseoir pour prendre ses repas ! Pour autant notre ami ne se désintéresse pas des ballerines du Théâtre Français, ce qui lui procure un emploi du temps extrêmement chargé, dont il se plaint avec esprit : *Ah! la vie serait supportable, s'il n'y avait pas tous les plaisirs !*

Cependant si on s'amuse à Varsovie, la guerre n'en continue pas moins, émaillée de ses victoires mais aussi des terribles pertes en vies humaines. C'est le cas de la bataille d'Eylau, et si Napoléon finit par l'emporter, c'est une victoire à la Pyrrhus : plus de 25.000 morts russes, et 20.000 français, dont un certain nombre de généraux. Il s'est lui-même exposé à la mitraille, et à partir de ce jour-là, Charles-Maurice, toujours aussi prévoyant, place auprès de l'Empereur, en grand secret, un officier chargé de le prévenir pour le cas où il serait tué. Comme à son habitude, il anticipe sur les événements afin de n'être jamais pris au dépourvu. Il a même imaginé un scénario : à la nouvelle de la mort de Napoléon, il appelle un de ses frères, ce sera Joseph, et dès lors il annoncera à toute l'Europe que la France se retire des champs de bataille pour revenir à sa frontière sur le Rhin.

Après la victoire de Friedland, au sein même de l'état-major de l'armée napoléonienne, on partage les inquiétudes de Talleyrand. On redoute que la soif de conquêtes ne conduise "l'Ogre" au-delà du Niémen, où ses armées sont parvenues. Cette préoccupation n'est pas nouvelle si on se souvient de cette scène entre l'Empereur et l'un de ses maréchaux : "Sire, lui avait dit Lannes, le sang d'un Français vaut mieux que toute la Pologne !" Napoléon s'était contenté de lui répondre : "Si tu n'es pas content, va-t-en !" - "Non", lui avait répliqué Lannes, "tu as encore besoin de moi !"

En réalité ce n'est pas seulement Lannes qui tente de l'amener à un peu plus de raison, c'est la plupart de ses maréchaux. Ces gens du métier savent très bien que l'Empereur est complètement isolé et qu'il n'a pas les moyens de faire la guerre seul, contre toute l'Europe. Pourtant le tyran s'obstine et déclare à Caulaincourt : "Je vois bien que vous ne voulez plus faire la guerre. Berthier voudrait chasser à Grosbois et Rapp voudrait habiter son bel hôtel à Paris."

Une nouvelle fois Talleyrand plaide en faveur de la signature d'un traité de paix avec l'Autriche, mais Napoléon, par une de ces bizarreries de la nature humaine, assez inexplicable, s'entend avec le tsar Alexandre 1er qu'il vient de défaire, pour partager l'Europe. Il compose ainsi de toutes pièces le royaume de Westphalie, qui n'est qu'une mosaïque, sans aucune unité historique ni géographique, dont il fait cadeau à son frère Jérôme.

En fait, après toutes ces victoires qui ont permis de donner à la France une grandeur qu'elle n'avait pas connue depuis fort longtemps, l'Empereur n'a pas su gérer cet avantage. Pourtant notre ami l'avait bien mis en garde : *Le moment difficile n'est pas l'heure de la lutte, c'est celui du succès.*

Charles-Maurice regagne Paris complètement épuisé, et surtout très contrarié par toute cette politique qu'il doit soutenir, et qu'il réprouve : *Cela en est trop à la fin, je ne veux plus être le bourreau de l'Europe !* clame-t-il bien fort. Il songe alors à quitter le ministère qu'il occupe, mais auparavant, il convainc Napoléon de le faire nommer vice-grand électeur, au traitement de 300.000 francs. C'est en réalité un poste spécialement créé pour lui, et cette nomination donne l'occasion à Fouché de lui lancer ce mot piquant, mais ô combien spirituel : "Vice-grand électeur ? C'est bien le seul vice qui lui manquait encore !"

Maintenant que ses arrières sont bien assurés, Charles-Maurice arguant de son mauvais état de santé, donne sa démission et quitte son poste de ministre des Relations extérieures. C'est du moins ce qu'il dira plus tard : *Dès que je l'ai vu commencer les entreprises révolutionnaires qui l'ont perdu, je quittai le ministère, ce qu'il ne m'a jamais pardonné.*

On aurait pu penser que Napoléon chercherait à le retenir, en fait il n'en est rien. Sans doute a-t-il déjà deviné l'état d'esprit dans lequel se trouve son serviteur. Il ne lui refuse donc pas cette démission qu'il souhaitait en fait secrètement. A posteriori, ce geste sera expliqué par l'un et par l'autre de manière toute différente. Talleyrand prétendra qu'il avait quitté l'Empereur par fidélité au roi et dans l'intérêt suprême de la France. Mais reportons-nous à ce qu'il a écrit dans ses Mémoires (avec toutes les réserves que l'on doit apporter à ce genre de témoignage émanant de lui !) : *J'ai servi Napoléon avec fidélité et avec zèle. Longtemps, il s'était prêté aux vues que je me faisais un devoir de lui présenter. Elles se réglaient sur ces deux considérations : -établir pour la France des institutions monarchiques, qui garantiraient l'autorité du souverain, en la maintenant dans de justes limites ; -ménager l'Europe pour faire pardonner à la France son bonheur et sa gloire. En 1807, Napoléon s'était depuis longtemps déjà écarté, je le reconnais, de la voie dans laquelle j'ai tout fait pour le retenir, mais je n'avais pu, jusqu'à l'occasion qui s'offrit alors, quitter le poste que j'occupais. Il n'était pas si aisé qu'on pourrait le penser de cesser les fonctions actives près de lui.*

Pour sa part, Napoléon confie dans ses Mémoires écrites à Sainte-Hélène : "C'est un homme à talents mais on ne peut rien faire avec lui qu'en le payant. Les rois de Bavière et de Wurtemberg m'ont fait tant de plaintes sur sa rapacité, que je dus me résigner à lui retirer son portefeuille."

Chacun sait qu'aucune de ces deux versions n'est l'exact reflet de la vérité. Pourtant, peut-on reprocher à notre ami d'avoir refusé de cautionner davantage les menées hégémoniques de "l'Ogre" ? Il faut citer les paroles outrancières que ce dernier prononce alors, pour bien situer l'état d'esprit dans lequel il se trouve et qui est celui d'un véritable dictateur : "L'Europe n'est qu'une vieille putain pourrie dont je ferai ce qu'il me plaira avec 800.000 hommes !"

L'Empereur, tout à ses idées de conquêtes, démontre, s'il en est encore besoin, qu'il ne se soucie guère des conséquences de ses décisions : "J'ensevelirai le monde sous les ruines !" a-t-il déclaré à Metternich. Et un peu plus tard : "Je ne fais pas de cas de ma vie, pas plus que de celle des autres. Je ne l'estime pas plus que celle de cent mille hommes ; j'en sacrifierai un million s'il le faut."

Il faut reconnaître que Talleyrand a une vision assez juste des événements qui se déroulent à cette époque, et notamment en ce qui concerne l'affaire d'Espagne. Il dresse alors de son maître un portrait peu flatteur en donnant son opinion sur cette nouvelle folie de l'Empereur qui, prétend-il, est la cause de sa démission : *Napoléon étant à Finfenstein disait un jour dans un moment de gaieté* : "Je sais quand il le faut quitter la peau du lion pour prendre celle du renard". *Il aimait à tromper, il aurait voulu tromper pour le seul plaisir de le faire, et, au défaut de sa politique, son instinct lui en aurait fait une sorte de besoin. C'était surtout à l'accomplissement de ses vues sur l'Espagne, qu'il sentait bien que la force ne pouvait pas suffire. Napoléon, assis sur l'un des trônes de la maison de Bourbon, considérait les princes qui occupaient les deux autres comme des ennemis naturels que son intérêt était de renverser. Mais c'était une entreprise où il ne pouvait échouer sans ruiner ses propres desseins, et, peut-être, se perdre lui-même.* Et Charles-Maurice poursuit dans une lettre à Caulaincourt : *Mon tout petit esprit a bien de la peine à se persuader que ce que nous ferons au-delà du Rhin dure plus que le grand homme qui l'ordonne.* Comme l'a si bien pressenti son ex-ministre, l'Empereur s'est perdu, entraînant dans sa chute son pays et le peuple français tout entier.

CHAPITRE 19

LA GUERRE D'ESPAGNE

"Si quelqu'un vous dit qu'il n'est d'aucun parti, commencez par être sûr qu'il n'est pas du vôtre !"

Nous voici à l'automne 1807, et Charles-Maurice pense en fait pouvoir continuer à jouer le rôle de conseiller auprès de l'Empereur, bien qu'il ait quitté son poste au ministère. On le sait, Talleyrand est un homme de l'ombre. Il affectionne tout particulièrement le jeu subtil des individus que l'on manipule à leur insu. Mais Napoléon n'est pas un homme malléable qui se laisse manoeuvrer ; aussi notre ami va-t-il très vite se rendre compte qu'il n'est plus du sérail et que son influence n'a plus l'ampleur suffisante pour peser sur les décisions de l'Empereur. Ainsi, lors d'une entrevue avec Metternich, Tolstoï et l'ambassadeur de Russie, le maître lui fait savoir assez sèchement que sa présence n'est pas indispensable, et qu'il peut se retirer. Furieux, piqué au vif et blessé dans son amour-propre, Charles-Maurice bascule à partir de cet instant dans le camp ennemi, découvrant un peu tard qu'il est imprudent de s'aimer avant que de se bien connaître !

Néanmoins, et bien qu'éloigné des allées du pouvoir, il n'en continue pas moins à influer sur le cours des événements. Ainsi en va-t-il de la question d'Espagne, dont il se servira pour accélérer la perte du tyran. Il convient de se souvenir qu'à cette époque, Charles IV est installé sur le trône d'Espagne, c'est l'un des derniers Bourbons régnant, mais c'est aussi un monarque sans âme, stupide et d'une rare cruauté. Pour illustrer ce trait de caractère il suffit de rappeler que c'est lui qui a fait tirer au canon sur deux mille chevreuils parqués dans un minuscule enclos, simplement pour son plaisir. Ce fut un épouvantable carnage, l'horreur en vérité !

De plus, chez lui, l'orgueil frise l'imbécillité ; il est à ce sujet une anecdote assez savoureuse qui le confirme tout à fait. Ainsi, le passe-temps que ce souverain inconsistant et débile à la fois affectionne par-dessus tout, consiste à jouer du violon dans un quatuor. Il en joue fort mal d'ailleurs, au point qu'un de ses partenaires, avec mille précautions oratoires, le lui fait remarquer : "Sire, il semble que Votre Majesté joue plus vite que la mesure ; pour la bonne exécution de l'œuvre il conviendrait de suivre le temps et d'attendre un peu !" Mal lui en a pris ! En effet la réponse que lui fait le roi ne manque pas de sel : "Vous saurez, monsieur, qu'un prince n'attend jamais !" De surcroît sa femme est laide au possible, et complètement nymphomane ! Belle famille royale en vérité ! "Des crétins sans chair, sans âme et sans sentiment" nous dit la comtesse d'Albany. La mollesse des visages que le peintre Goya a su si justement rendre dans ses tableaux, traduit bien l'esprit veule et changeant de ce monarque espagnol dont le courage n'est pas sa qualité première. Il n'est de meilleure preuve de sa lâcheté que d'évoquer son attitude au cours de l'année 1806, année pendant laquelle il conclut un pacte avec la Prusse. Par cet accord, il s'engage à attaquer les armées napoléoniennes dans leur dos dès l'instant où elles parviendront sur les rives de l'Elbe. Mais devant les victoires qui s'accumulent, il change rapidement de camp et se rallie à Napoléon.

Dans cette guerre d'Espagne, si Talleyrand n'a pas été le véritable instigateur, il l'a cependant appelée de ses vœux, puis fortement encouragée par la suite. On s'interroge encore pour savoir s'il a poussé Napoléon à s'enferrer dans ce piège, pour contraindre l'Angleterre à la paix, ou si, comme cela est plus que probable, il a voulu précipiter la chute de l'Empereur. Ce dernier aurait dû méditer cette jolie formule de son ex-ministre des Relations extérieures : *Si quelqu'un vous dit qu'il n'est d'aucun parti, commencez par être sûr qu'il n'est pas du vôtre !* Cela lui aurait évité une grosse déception et bien des ennuis.

Il convient tout de même de préciser que notre personnage ne porte guère dans son cœur ces Bourbons et que ceux-ci le lui rendent bien ! *C'est une maison finie* disait-il à Mme de Staël en 1795. Ce n'est que bien plus tard, alors que l'affaire d'Espagne est déjà très engagée, que Charles-Maurice se décide à prendre ses distances. Il commence par dire à son maître : *Faites la guerre à l'Espagne, mais pas au peuple espagnol. Se déclarer l'ennemi des peuples est une faute qui ne se répare jamais !* Puis il se fait davantage critique lorsqu'il lui reproche : *On s'empare des couronnes, on ne les escamote pas !*

Si l'on croit ce qu'il nous en dit dans ses Mémoires, il aurait même tenu tête à l'Empereur sur ce sujet, dans une conversation qui l'a amené au bord de la rupture ; M. de Talleyrand donnant une leçon de morale au maître de l'Europe ! Encore une scène à laquelle nous aurions aimé assister ! Voici comment il nous raconte le déroulement de cette passe d'armes : *Prenant avec moi un ton goguenard, se frottant les mains, et se promenant dans la chambre en me regardant d'un air moqueur, il me dit :* "Eh bien ! Vous voyez je suis venu à bout de ces gens-là ; ils ont tous été pris dans les filets que je leur avais tendus, et je suis le maître de la situation en Espagne, comme dans le reste de l'Europe."

Impatienté de cette jactance si peu justifiée à mon sens, et surtout des moyens honteux qu'il avait employés pour arriver à ses fins, je lui répondis, mais avec calme, que je ne voyais pas les choses sous le même aspect que lui, et que je croyais qu'il avait plus perdu que gagné par les événements de Bayonne. "Qu'entendez-vous par là ?" répliqua-t-il.

Mon Dieu, repris-je, c'est tout simple, et je vous le montrerai par un exemple. Qu'un homme dans le monde y fasse des folies, qu'il ait des maîtresses, qu'il se conduise mal envers sa femme, qu'il ait même des torts graves envers ses amis, on le blâmera sans doute ; mais s'il est riche, puissant, habile, il pourra rencontrer encore les indulgences de la société. Que cet homme triche au jeu, il est immédiatement banni de la bonne compagnie qui ne lui pardonnera jamais.

Notre conteur termine son récit en nous assurant que l'Empereur pâlit, resta embarrassé et ne lui adressa plus la parole de toute la journée. Jamais, paraît-il, il ne prononça depuis cette scène le nom d'Espagne, de Valençay et celui de notre ami, sans y joindre quelque épithète injurieuse que lui fournissait son humeur du moment !

Après avoir envahi le Portugal, Napoléon se dit que finalement, il pourrait, de la même manière, asservir l'Espagne, et en confier le trône à l'un de ses frères. Cette pratique, que les gens de bonne foi désignent sous le vocable de népotisme et que lui préfère appeler "esprit de famille", est chose courante chez les dignitaires de l'Empire. De plus, après avoir habilement joué des querelles entre Charles IV et son fils Ferdinand VII Napoléon intervient militairement dans la péninsule ibérique, et met tout le monde d'accord en installant son frère Joseph sur le trône d'Espagne, le contraignant ainsi à quitter, à regret, celui de Naples.

Pour parachever son œuvre dominatrice, il exile toute la famille royale espagnole au château de Valençay. Et puisque Talleyrand est grand Chambellan, c'est à lui qu'incombent le devoir de recevoir ces hôtes de marque, et le soin de veiller à leur sécurité et à leur amusement. En fait ils sont dans une prison ; une prison dorée certes, mais une prison tout de même. Malgré cette situation pénible qui les prive de toute liberté de mouvements et qui les tient éloignés de leur pays, il ne semble pas que les membres de la famille royale en souffrent particulièrement. En tout cas ils ne témoignent pas de ressentiment ni de rancoeur envers celui qui a scellé leur destin. En effet si l'on s'en réfère aux lettres que Ferdinand VII écrit à Napoléon, on y lit l'expression de sa soumission et de sa gratitude, lettres qu'il signe d'ailleurs de cette mention "votre bon cousin." Toutefois "le bon cousin" n'apprécie pas particulièrement cette familiarité qu'il juge désobligeante à son égard, aussi charge-t-il Charles-Maurice de faire comprendre à Ferdinand VII tout le ridicule de cette appellation : "Dites-lui donc de m'appeler tout simplement Sire !"

Lorsque l'Empereur confie à notre ami le soin d'accueillir la famille royale espagnole à Valençay, sa décision n'est pas dénuée d'arrière-pensées. La lettre qu'il lui adresse commence par des détails pratiques fort bien recevables, mais elle se termine par un trait plein d'ironie : "Je désire que ces princes soient reçus sans éclat extérieur, mais honnêtement et que vous fassiez tout ce qui sera possible pour les amuser... Vous pourrez faire venir Mme de Talleyrand avec quatre ou cinq femmes. Si le prince des Asturies s'attachait à quelque jolie femme et qu'on en fût sûr, cela n'aurait aucun inconvénient puisqu'on aurait le moyen de plus le surveiller... Quant à votre mission, elle est assez honorable : recevoir trois illustres personnages pour les amuser est tout à fait dans le caractère de la nation et dans celui de votre rang..."

CHAPITRE 20

LA TRAHISON

"A Erfurt j'ai sauvé l'Europe !"

Pendant ce temps-là, la révolte du peuple espagnol gronde, et Junot, devant la menace des Anglais, doit rapidement reculer vers les Pyrénées. Cette situation ennuie profondément Napoléon qui décide alors de renforcer ses relations avec la Russie. Pour ce faire il convie le tsar Alexandre à Erfurt, et lui propose quelque arrangement où chacun trouve son intérêt. Celui de Napoléon étant de menacer l'Autriche, d'accentuer le blocus de l'Angleterre et d'obliger cette dernière à se retirer d'Espagne, avec en filigrane le projet de la conquête des Indes.

Mais Charles-Maurice veille sur les ambitions démesurées de "l'Ogre", car c'est ainsi que ses ennemis, et il en a de nombreux, ont surnommé Napoléon. Lors d'une entrevue avec le tsar, Talleyrand lui tient ces étranges propos : *Sire, le peuple français est civilisé, son souverain ne l'est pas. Le souverain de la Russie est civilisé, son peuple ne l'est pas. C'est à vous qu'il revient de sauver l'Europe. Vous n'y parviendrez qu'en tenant tête à Napoléon. D'ailleurs, si le Rhin, les Alpes et les Pyrénées sont des conquêtes de la France, tout le reste est la conquête de l'Empereur, la France n'y tient pas.*

A Erfurt, Talleyrand regarde Napoléon tenter de

nouer des alliances, qu'il a lui-même combattues par avance en intriguant auprès du tsar. Il le voit se débattre dans ces difficultés, insensible, avec cette hauteur affectée que nous lui connaissons bien. On eut dit une statue de l'indifférence. Goethe, qui le vit à Weimar, deux jours avant Erfurt, le compare au dieu d'Epicure : "Qui habite là où la pluie et la neige sont inconnues, là où la tempête ne souffle jamais. C'est d'une tranquillité pareille que ce personnage semble jouir : tous les orages qui mugissent autour de lui ne le touchent pas. On conçoit bien qu'il ait cette physionomie, on ne comprend pas comment il peut la conserver."

Voici Talleyrand conspirateur et coupable d'un véritable acte formel de trahison. En fait, dans cette démarche il s'est adjoint les services de Caulaincourt, peut-être pour le compromettre encore un peu plus. En effet dans l'affaire du duc d'Enghien, il s'est déjà servi de lui si bien que l'opprobre a rejailli sur ce malheureux et pourtant honnête général.

Dès son retour à Paris, Charles-Maurice informe Metternich de l'accord que Napoléon vient de conclure avec le tsar, mais le rassure en lui faisant part de son entrevue avec le souverain de Russie : *Alexandre n'est plus entraînable contre vous... Seule l'union intime de l'Autriche et de la Russie peut sauver les restes de l'indépendance de l'Europe"* Il suggère ainsi à Metternich que désormais l'alliance de l'Autriche et de la Russie est plus que jamais nécessaire. Plus tard Talleyrand justifiera cette trahison avec un sang-froid remarquable, mais cependant il ne trompera personne lorsqu'il affirmera : *Je n'ai jamais conspiré de ma vie qu'aux époques où j'avais la majorité de la France comme complice, et où je cherchais avec elle le salut de la patrie.* Il ne convaincra pas davantage lorsqu'il s'exclamera : *A Erfurt, j'ai sauvé l'Europe.*

Peu après Erfurt, Napoléon fait une visite éclair en Espagne, où il a envoyé ses meilleures troupes qui lui feront tant défaut à Wagram. Il est allé sur le terrain soutenir le moral de ses soldats qui se heurtent à d'énormes difficultés. Il faut remarquer que les armées napoléoniennes ne sont guère habituées au type de combat qui leur est imposé par des hommes insaisissables. En fait ils sont confrontés à une guérilla et la lourdeur des grandes armées est mal adaptée à ces coups de main meurtriers.

Si Talleyrand comptait poursuivre ses manœuvres traîtresses à l'insu de "l'usurpateur", il lui faut bientôt déchanter. En effet, à force de proclamer ses vues politiques dans tous les salons de la capitale, il était inévitable que la rumeur parvienne aux oreilles de l'Empereur. Et puis il y a la police ; encore que Fouché, qui cependant n'aime guère notre ami, devient vite son complice dans cette aventure. Leurs intérêts convergent et même s'ils se lancent quelques piques, sur l'essentiel ils s'entendent pour le mieux. A ce sujet Charles-Maurice a une assez bonne idée de la valeur du duc d'Otrante : *Fouché,* dit-il, *c'est un ministre de la police qui se mêle d'abord de ce qui le regarde, et ensuite de ce qui ne le regarde pas.*

Plus tard lorsque l'on parlera de chasser Fouché, il dira avec esprit : *Je ne vois qu'une seule personne capable de remplacer Fouché... c'est Monsieur le duc d'Otrante !* ; mais il ne peut s'empêcher d'ajouter ce trait assassin : *On me dit que Monsieur Fouché méprise les hommes, sans doute s'est-il beaucoup étudié !* Napoléon a, quant à lui semble-t-il, une opinion un peu différente sur la police et sur ses représentants, puisqu'il a déclaré un jour : "L'art de la police est de ne pas voir ce qu'il est inutile qu'elle voie."

Fouché ressemble, à bien des égards, à son complice dans cette affaire d'Espagne. Il pratique volontiers le double jeu, et son comportement n'est pas exempt d'un certain cynisme. Ainsi il y a peu encore, il encourageait Napoléon à faire preuve de fermeté envers le corps législatif qui venait de repousser un des articles du code d'instruction criminelle, en professant que : "La fermeté est nécessaire à l'exercice du gouvernement, et si Louis XVI eut agi ainsi, ce malheureux prince vivrait et régnerait encore." L'Empereur un instant éberlué par une telle profession de foi se reprend bien vite en s'exclamant :

"Mais quoi, duc d'Otrante, il me semble pourtant que vous êtes un de ceux qui ont envoyé Louis XVI à l'échafaud !"

"Oui sire, répond Fouché en s'inclinant, et c'est le premier service que j'ai eu le bonheur de rendre à Votre Majesté !"

Talleyrand et Fouché n'ont pas toujours été en très bons termes, mais la tournure des événements va rapidement les rapprocher et les réconcilier. Ils décident donc d'avertir Murat, alors nouveau roi de Naples, de se tenir prêt à regagner la France au premier signal, pour venir chercher les hautes destinées qui y l'attendent. Hélas, la lettre est interceptée, et Napoléon en est aussitôt averti.

L'Empereur, dont on sait qu'il est allé en Espagne raviver l'enthousiasme de ses armées, quitte Valladolid le 17 janvier 1807 et regagne Paris à marches forcées, tant est grande sa précipitation à venir déjouer le complot qui se trame. Il arrive le 23 janvier et procède à une rapide enquête sur la réalité de cette machination. Il lui faut peu de temps pour se convaincre de la duplicité de son ex-ministre qu'il convoque donc aussitôt, ainsi que Fouché, Lebrun, Cambacérès et Decrès, ministre de la Marine. Se promenant comme à son habitude les mains derrière le dos, il entame un effroyable monologue qui durera plus de trois heures. S'adressant au début de sa harangue à l'ensemble des présents, il s'en prend bien vite à Talleyrand en particulier, que ce torrent d'invectives laisse de marbre, faisant sienne cette maxime de Fénelon : "Les injures sont les raisons de ceux qui ont tort."

Cette impassibilité est sans doute l'un des traits de caractère le plus marquant chez lui. "Dans les moments graves, ni ses yeux, ni son visage, ni sa bouche, ni ses mains ne trahissent la moindre émotion, le moindre sentiment. Rien ne paraît le toucher. Son regard semble ne rien voir, ne rien regarder" nous dit à juste raison, Pierre Gaxotte.

Pourtant les injures succèdent aux reproches et aux insultes : "Vous êtes un voleur, un lâche, un homme sans foi ; vous ne croyez pas en Dieu ; vous avez, toute votre vie, manqué à tous vos devoirs, vous avez trompé, trahi tout le monde ; il n'y a pour vous rien de sacré ; vous vendriez votre père. Vous êtes une canaille, Monsieur de Talleyrand ! Je vous ai comblé de biens et il n'y a rien dont vous ne soyez capable contre moi ! Vous mériteriez que je vous brisasse comme du verre ! J'en ai le pouvoir, mais je vous méprise trop pour en prendre la peine ! Pourquoi ne vous-ai je pas fait pendre aux grilles du Carrousel ? Mais il en est bien temps encore !" Puis cherchant à l'humilier, Napoléon ajoute : "Au fait, vous ne m'aviez pas dit que le duc de San Carlos était l'amant de votre femme !" Avec l'esprit subtil qui est le sien, Charles-Maurice lui répond, et ce seront les seules paroles qu'il prononcera pendant tout ce réquisitoire : *En effet Sire, mais je n'avais pas songé que ce rapport pût intéresser la gloire de Votre Majesté et la mienne !*

A court d'arguments, Napoléon en quittant la pièce

où vient de se dérouler cette scène, jette une dernière grossièreté à la face de son souffre-douleur : "Tenez, vous êtes de la merde dans un bas de soie !" Décidément l'Empereur persiste dans les appréciations qu'il porte sur son ancien serviteur car quelques mois auparavant, il confiait déjà à Clarke, son nouveau ministre de la Guerre : "Clarke, je vous défends de vous lier avec Talleyrand, ce n'est que de la merde, il vous salirait !" Appuyé à une console, toujours impassible, la figure blanche et les lèvres serrées, notre ami se contente de lancer à la cantonade au moment où Napoléon se retire en claquant la porte : *Quel dommage, messieurs, qu'un si grand homme ait été si mal élevé !*

Après d'aussi terribles menaces, on aurait pu penser que Napoléon allait prendre des mesures radicales contre son ex-ministre : l'exil, la prison, et pourquoi pas? après la trahison d'Erfurt, le châtiment suprême. En fait il n'en est rien. Il se contente seulement de lui retirer sa charge de grand Chambellan, et lui interdit de reparaître chez lui. Cette attitude inspirera d'ailleurs à la reine Hortense cette réflexion : "Napoléon humiliait trop et ne punissait pas assez."

Pour sa part, l'Empereur justifie auprès de Roederer sa façon d'agir : "Je ne lui ferai aucun mal ; je lui conserve ses autres places ; mais je lui ai retiré le droit d'entrer à toute heure dans mon cabinet. Jamais ainsi il n'aura d'entretien particulier avec moi : il ne pourra plus dire qu'il m'ait conseillé ou déconseillé une chose ou une autre."

Charles-Maurice, peu reconnaissant de cette magnanimité que l'on pourrait taxer d'imprudence, ne pardonnera jamais à Napoléon, ni cet affront ni l'humiliation qui en a résultée. Une situation analogue se reproduira cinq années plus tard lorsqu'après avoir refusé de reprendre son portefeuille des Relations extérieures, son maître prendra connaissance de ses dernières intrigues, le menacera à nouveau de ses foudres, pour finalement n'en rien faire. Une nouvelle algarade s'ensuivra, et les invectives fleuriront : "Je vous connais, je sais de quoi vous êtes capable. Je vous ferai punir comme vous le méritez !"

Un témoin raconte que le maître de l'Europe, le poing sous le menton du descendant des Périgord, le poussait en arrière, en continuant à l'injurier. Talleyrand sous la menace recule en trébuchant jusqu'à ce qu'il ait le dos au mur. Sa fureur passée, l'Empereur le congédie, et aux nombreux présents qui encombrent l'antichambre, notre ami confie ironiquement : *L'Empereur est ce matin vraiment charmant !*

A l'image de cette scène, Napoléon se montre souvent emporté, ses colères sont aussi célèbres que violentes. Il lui arrive même de piétiner son chapeau ! Pourtant Charles-Maurice lui a déjà fait remarquer : *Sire, il est inutile de se fâcher contre les choses, car cela ne leur fait rien du tout !*

Dès le lendemain il contacte Metternich et lui fait des offres de service qu'il serait prêt à accepter, "pour peu qu'on sût y mettre le prix qui convenait !" En gage de bonne volonté, il informe l'ambassadeur d'Autriche à Paris que la guerre est imminente, et qu'il convient donc que son pays s'arme sans tarder et de manière vigoureuse.

CHAPITRE 21

LA VIE FASTUEUSE DU PRINCE DE BÉNÉVENT

"La plus mauvaise roue du chariot c'est celle qui fait le plus de bruit !"

Les pions sont avancés, il ne reste plus qu'à patienter. En attendant les funestes événements qui ne sauraient manquer de survenir, Charles-Maurice donne des soupers fins et des fêtes somptueuses dans l'Hôtel de Monaco (l'actuel Matignon), qu'il vient d'acquérir, avec ses 34 pièces et ses décors grandioses. Il mène la vie fastueuse d'un prince, qui ressemble à celle d'un roi.

La description faite par Charles de Rémusat, du lever de notre personnage, est tout à fait révélatrice à cet égard ! : "Le prince paraissait dans un grand salon ou un cabinet de toilette. Il était grand et large, ayant une certaine carrure d'épaules et des hanches et toujours des vêtements amples et flottants. A cette première apparition on ne voyait qu'un assemblage énorme de flanelle, de molleton, de futaine, de percale, une masse blanchâtre qui venait en se traînant, en dandinant et en saluant légèrement la compagnie, s'asseyant devant sa cheminée où trois valets de chambre l'attendaient, l'un grand et poudré, habillé comme son maître, en bas de soie noire, surveillant la toilette. Les deux autres en tablier, en habit gris de perruquier, préposés particulièrement à la coiffure.

On commençait aussitôt par dépouiller ses jambes des bas de laine et de bandes de flanelle, et on les plongeait dans un petit seau d'eau de Barèges. On lui apportait une tasse de camomille, il en prenait encore une ou deux pendant la séance, et c'était tout son déjeuner. Le reste de sa personne était couvert de caleçons, de gilets, de robes de chambre, avec toutes sortes de loques qui lui tombaient de partout, et sur sa tête une espèce de tiare en percale, serrée d'un ruban de couleur pâle: elle était couverte de béguins et de serre-tête qui descendaient aux sourcils et surmontaient une figure blafarde, inanimée, aux yeux couleur de jonc, limitée inférieurement par d'épaisses cravates, où se cachait un assez court menton. La coiffure était enlevée et laissait voir des cheveux fins et abondants qui devaient avoir été blonds, plus blanchis peut-être par la poudre que par l'âge.

Les deux valets de chambre se mettaient en devoir de le peigner, de le friser, de le pommader, et, pendant ce temps, on lui présentait une cuvette d'argent où il plongeait des frottoirs pour se débarbouiller le visage. Parmi tous ces soins de toilette, assez curieux pour qu'on ne fût pas trop dégoûté d'y assister, un des plus remarquables était la consommation d'un ou deux grands verres d'eau tiède, qu'il aspirait par le nez et rejetait plus ou moins, comme l'éléphant par sa trompe.

Quand sa coiffure était terminée, on avait eu ordinairement le temps de lui essuyer les pieds, de lui passer des bas de laine, des bas de soie blancs, une culotte de soie noire, et de lui mettre de longs souliers à boucles. Alors il se levait assez péniblement, laissait tomber ses deux ou trois robes de chambre, et aussitôt on lui passait dextrement une chemise. Le premier valet de chambre lui roulait alors autour du cou plusieurs cravates de mousseline blanche ; et à ce moment on lui mettait son chapeau, parce qu'il n'était pas, autrefois, d'une parfaite élégance, que les cheveux parussent tout frais sortis des mains du coiffeur.

Ordinairement sa chemise, au lieu d'être rentrée dans sa culotte de soie noire, tombait par-dessus, et flottait comme une blouse. Il restait assez souvent dans cet accoutrement, le chapeau sur la tête, à causer avec les assistants parmi lesquels il y avait parfois des femmes. On contait qu'il avait reçu ainsi l'Empereur de Russie. Il était alors ordinairement une heure après-midi, et, comme il n'aimait ni se presser, ni à changer ses habitudes, on citait bien peu d'occasions où sous la République, l'Empire, ou la Restauration, il eut regardé les circonstances comme assez graves pour rien déranger à ce cérémonial. Pendant toutes ces exhibitions, les visites se succédaient. Il venait des femmes, mais il ne se gênait en rien et ne prenait même pas la peine de se tourner lorsqu'on lui changeait sa chemise !"

Pour oublier les risques mortels du jeu auquel il se livre, il s'adonne à l'un de ses grands plaisirs, celui de la table, car Talleyrand est un vrai gastronome. S'il est vrai qu'à cette époque on mange beaucoup, et que l'on est volontiers plus gourmand que gourmet, il sait apprécier, en connaisseur averti, les mets les plus délicats préparés par son cuisinier Antoine Carême, que tout Paris lui envie. Charles-Maurice est aussi amateur de fromage, il adore en particulier le fromage de Brie au sujet duquel il avoue : *Le fromage de Brie est pour moi le roi des fromages. Il l'était dans ma jeunesse, il l'est encore, et je lui suis toujours resté fidèle*, ce qui donne l'occasion à Eugène Sue de faire un mot : "C'est bien la seule royauté à laquelle il soit resté fidèle !"

Il a également une prédilection affirmée pour le

café. Il a découvert ce dernier lors de son séjour en Amérique et le décrit ainsi :

"Noir comme le diable
Chaud comme l'enfer
Pur comme un ange
Doux comme l'amour."

Amateur de bonne chair, il sait aussi inculquer aux autres l'art de la gastronomie en leur rappelant, quand cela est nécessaire, les bons usages. C'est ainsi qu'un soir, alors qu'il joue au whist, un de ses partenaires avale d'un trait son verre de fine champagne, sans aucune délicatesse. Choqué, notre ami lui fait remarquer : *Ce n'est pas comme cela qu'il faut boire le cognac ; on prend son verre dans le creux de la main, on le réchauffe, on l'agite en lui donnant une impulsion circulaire, afin que la liqueur dégage son parfum. Alors on le porte à ses narines, on le respire...*

"Et puis, Monseigneur ?" s'enquiert son compagnon de jeu,

Et puis, Monsieur, on pose son verre et on en parle...

Si Talleyrand aime à montrer son attachement aux bonnes manières, c'est aussi parce qu'il connaît tous les usages du monde. Il sait, avec esprit, rappeler les manquements de ceux qu'il côtoie. C'est ainsi qu'il affectionne de jouer au whist ou au creps, avec des gens bien élevés et dans le plus grand silence. A un partenaire de jeu qui parle sans cesse pendant la partie, notre ami impose le silence en distillant cette remarque pleine de sous-entendus : *La plus mauvaise roue d'un chariot est celle qui fait le plus de bruit !*

Charles-Maurice est un sensuel, il n'est donc pas étonnant qu'il apprécie les joies de la table. C'est un homme qui aime également beaucoup recevoir ; et mariant les deux plaisirs, en hôte accompli, il découpe lui-même la pièce de bœuf qu'il distribue à ses invités selon un cérémonial bien établi, qui tient compte de l'importance et de la qualité des convives.

Monseigneur, me ferez-vous l'insigne honneur d'accepter ce morceau de bœuf ?

"Certes, mon cher ami !"

Monsieur le duc, aurais-je la grande joie de vous offrir cette tranche de bœuf ?

"Avec joie, mon cher prince !"

Monsieur le marquis, voulez-vous me faire le plaisir d'accepter ce morceau ?

"Mille grâces, Monseigneur !"

Mon cher comte, voulez-vous bien me permettre... ?

"Que de bontés, Monseigneur !"

Baron, vous enverrais-je du bœuf ?

"Je l'accueillerais avec reconnaissance, Monseigneur !"

Chevalier, vous plaît-il ?

"Votre Altesse sérénissisme me comble !"

Eh là-bas! Montrond ?

"Quel impérissable honneur, Monseigneur !"

Durand, du bœuf ?

Qu'en est-il des conquêtes féminines de notre personnage ? Il y a longtemps que nous n'en avons point parlé, et pourtant on sait quelle place elles tiennent dans sa vie ! Déjà à Thiers, tout jeune, il avait confié : *La politique c'est les femmes !* Et avec quelle application a-t-il mis en pratique cette maxime !

Pendant cette période difficile pour notre ami, ce dernier fréquente, intrigue et conspire avec ce que l'on a appelé "l'armée des femmes." Dans les salons il retrouve la comtesse Tyszkiewicz, sœur de Poniatowski, qui a succombé aux charmes du grand Chambellan il y bien longtemps de cela. Elle l'a suivi à Paris, où elle le couvre de cadeaux. Cependant, Charles-Maurice rencontre au gré de ses désirs, la piquante duchesse de Montmorency, la princesse Aimée de Coigny, et revoit la mère de son fils, la comtesse de Flahaut, devenue Mme de Souza. Toutes ces femmes qui ont été, ou qui sont encore quelque chose pour lui, forment ce que l'on a coutume d'appeler plaisamment dans les salons, "la société Talleyrand."

Mme de Staël, un peu délaissée, donc furieuse, n'en continue pas moins de faire son éloge : "Au premier abord il est froid, il parle peu, mais écoute avec une grande attention. Il a une voix mâle et grave. Dans l'intimité le masque tombe, il est alors charmant, se faisant amusant pour être amusé." Il est tout à fait exact que Talleyrand se confie peu en public, ce dont se plaint une princesse allemande auprès d'une de ses amies, regrettant amèrement de n'avoir pu arracher le moindre mot au prince, pendant tout le repas. "Que voulez-vous ! lui rétorque celle-ci, il y a longtemps qu'il ne dit plus de messes basses !"

C'est sans doute à travers les correspondances avec ses belles amies que l'on découvre le mieux la vraie nature du prince de Bénévent. Ecoutons ce qu'en dit la marquise de La Tour du Pin, qu'il avait retrouvée lors de son séjour en Amérique : "Il parle du bout des lèvres. Il possède un charme que je n'ai rencontré chez aucun autre homme. On avait beau s'être armé de toutes pièces contre son immoralité, sa conduite, sa vie, contre tout ce qu'on lui reprochait, enfin, il vous séduisait tout de même, comme l'oiseau est fasciné par le regard d'un serpent."

Ce qui est remarquable chez cet homme, c'est le pouvoir qu'il a de faire parler les autres. Il a pour cela une méthode bien éprouvée qui donne des résultats tout à fait probants. La recette est fort simple, elle consiste à commettre volontairement un impair, afin de pouvoir lire les réactions sur le visage de ses interlocuteurs. Ce qui fait dire au baron Stetten : "Monsieur de Talleyrand tire des coups de pistolet en l'air, pour voir qui va se mettre à la fenêtre !"

Pendant tout ce temps où il se trouve écarté du pouvoir, il fréquente beaucoup son ami Casimir Montrond. Celui-ci, en fait, a passé une très grande partie de sa vie auprès de Talleyrand. Il y a bien eu quelques brouilles épisodiques entre ces deux personnages, mais à chaque fois ils se sont réconciliés. Je ne pense pas toutefois que le jugement porté par Mme de Chastenay, à propos des amis de Talleyrand, puisse s'appliquer à Montrond : "Il garda des amis, mais j'ose dire, presque comme des chiens !" En effet, une amitié qui ne s'est jamais démentie tout au long de leur vie, lie les deux hommes. Ce qui les rapproche ? Cela est aisé à deviner : le jeu, les femmes, et surtout cette tournure d'esprit qui caractérise si bien les hommes du "grand siècle." Coïncidence ou fait du hasard, il est affecté, comme son ami Talleyrand, d'une infirmité, puisqu'il a au milieu de la main droite, un petit doigt qui se prolonge jusqu'à son poignet.

Casimir Montrond, petit-fils d'un magistrat bisontin, a été le premier muscadin de son temps. Toute la jeunesse dorée de l'époque copiait ses cravates, ses costumes, ses manies et ses tics. Talleyrand, dont chacun se plaît à reconnaître l'esprit, apprécie celui de son ami Montrond. Un esprit d'une extraordinaire vivacité, ce qui lui vaut d'ailleurs quelquefois l'inconvénient de glisser dans le mode grivois ou trivial, contrairement à Talleyrand qui ne se départit jamais de ses bonnes manières, même lorsqu'il porte ses attaques les plus féroces. Les deux hommes se connaissent parfaitement, et Charles-Maurice aime à taquiner son complice : *J'aime bien Montrond parce qu'il a peu de préjugés*, mais ledit Montrond de répondre avec esprit : "J'aime bien monsieur de Talleyrand, parce qu'il n'a pas de préjugés du tout !" Et d'ajouter : "Qui ne l'aimerait pas ? Il est si vicieux !" Ce qui confirme que Montrond sait très bien à quoi s'en tenir, à propos de la véritable nature de l'ex-évêque d'Autun.

Montrond a toujours su faire montre d'un esprit d'à-propos, et cela lui a souvent permis de faire bonne figure dans des joutes oratoires, parfois difficiles. L'occasion lui en a été fournie lors d'un dîner, à la fin duquel, selon l'usage, un amiral anglais porte un toast en l'honneur des Français présents autour de la table. Hélas! au terme de son propos il ajoute : "Je bois aux Français ce sont tous des goujats et je ne fais pas d'exception !" Montrond, directement visé par cette attaque, et que l'on aurait pu croire embarrassé, remplit son verre, se lève, et déclare à son tour : "Je bois aux Anglais, ce sont tous des gentlemen... mais je fais des exceptions !"

Ce même Montrond, dont on vient de voir avec quelle aisance et quel esprit il sait se tirer d'une situation pour le moins inconfortable, se laisse parfois aller à des propos légers. Ainsi, à une dame patronnesse qui vient quêter pour les filles repenties, il adresse cette boutade : "Si elles sont repenties, je ne leur donnerai rien, et si elles ne sont pas repenties, je leur ferai moi-même mes charités !"

Amateur de jolies femmes, il a de nombreuses maîtresses, au nombre desquelles on peut citer la duchesse d'Abrantes et lady Yarmouth dont il aura un fils, lord Seymour, plus connu sous le nom de "Milord l'arsouille." Mais il est également l'amant de Fortunée Hamelin, une créole de Saint-Domingue, dont les excentricités et les dévergondages font scandale. Et faire scandale sous le Directoire ça n'est pas peu dire ! Elle fait tant et si mal parler d'elle qu'on l'a surnommée "le premier polisson de France." On sait que Montrond n'est pas spécialement galant avec les femmes et avec Mme Hamelin il ne s'embarrasse pas de superflus, allant au plus pressé ! Alors que cette dernière, simulant la surprise, s'offusque : "Mais vous êtes marié !", il rétorque aussitôt : "Oh ! si peu" ; et la belle créole, déjà presque conquise, d'avouer : "Et moi encore moins !"

Lui qui s'est exclamé : "Ce qu'il y a de plus criminel au monde, c'est un sot !" est, comme son ami et maître, un joueur de cartes invétéré. A ce propos, il est une anecdote plaisante que l'on a rapportée : Montrond rencontre un jour un compagnon de jeu, qu'il trouve en pleurs et portant le deuil ; ce dernier gémit : "J'ai perdu ma femme !" — "Au lansquenet ?" lui demande Casimir Montrond, très pince-sans-rire.

Seule peut-être Mme de Dino, que nous verrons plus tard prendre une très grande place dans le cœur de Talleyrand, n'apprécie guère Montrond. Elle le déteste au point qu'elle l'a surnommé "l'enfant Jésus de l'enfer ! " Pourtant après la mort de son ami, désemparé et malheureux, il ne pourra s'empêcher de se rapprocher d'elle et de lui écrire : "Je suis seul au monde. J'ai bien envie de pouvoir vous parler quelques fois de Monsieur de Talleyrand."

Si le volage Montrond va de fleur en fleur pour les butiner toutes, il en est une, plus belle que les autres, mais surtout plus captivante, qui saura retenir son cœur. C'est Aimée de Coigny, duchesse de Fleury, qui deviendra ainsi comtesse de Montrond, après que ce dernier l'eût sauvée de la guillotine. Son biographe Arrigon nous dresse d'elle un portrait inattendu : "Charmante comme un printemps indécis, dans sa frêle beauté à demi-éclose, un cou mince et flexible, sa bouche mignonne aux lèvres délicatement renflées, et, répandu sur toute sa personne menue, quelque chose de délicieusement enfantin."

Enjouée, frivole, c'est avec beaucoup de délectation qu'elle aime provoquer ses amis et tout son entourage. A ce sujet Mme de Genlis nous narre une aventure plaisante : "La duchesse revenant de rendre ses devoirs à la Reine ôte son bas de robe, au beau milieu du salon. Les personnes présentes connaissant son anticonformisme, lui suggèrent en plaisantant d'enlever aussi l'immense panier d'osier qui soutient sa robe. Alors qu'elle va pour s'exécuter, plusieurs femmes se précipitent pour l'empêcher de faire cette folie. Mais en un clin d'oeil, elle se déshabille presque entièrement, pour ne garder sur elle qu'un petit jupon court de basin blanc. Allant jusqu'au bout de son excentricité, elle reste dans cette tenue depuis neuf heures et demie jusqu'à deux heures du matin, sans montrer le moindre embarras, comme si elle n'eut fait que la chose du monde la plus simple. Au vrai, elle se moquait de tout et riait de tout !" ajoute Mme de Genlis.

C'est probablement en 1812 que la fantasque et peu fidèle Aimée de Coigny s'éprend de Charles-Maurice. Si un doute subsiste quant à la nature exacte de leurs relations, les lignes qu'elle a écrites sont cependant bien révélatrices : "Cherchant à tirer parti de l'intimité qui existait entre moi et M. de Talleyrand, j'allais passer seule avec lui, le matin, une heure ou deux. Son charme qu'il sait répandre est inexprimable quand il n'enveloppe point cette qualité dans un dédaigneux silence. Le lendemain je me rendis rue Saint-Florentin... A peine fus-je entrée dans sa chambre à coucher que fermant la porte avec précaution, M. de Talleyrand me dit : *asseyons-nous là et lisons.*

CHAPITRE 22

EN ATTENDANT LA CHUTE

"Quand on n'a pas ce que l'on aime, on se contente d'aimer ce que l'on a !"

L'année 1807 est une mauvaise année pour Charles-Maurice. En effet le maître lui enlève sa charge de grand Chambellan ; mesure vexatoire envers celui qui ose contrecarrer ses projets de conquête. Mais c'est aussi un moyen de le priver de ressources financières et donc de l'affaiblir. Pendant leur longue cohabitation, l'Empereur a tour à tour enrichi puis ruiné son ministre des Relations extérieures, pensant de cette manière mieux le contenir et le dominer. Il livre ainsi le fond secret de sa pensée lorsqu'il déclare : "Je veux que Talleyrand qui m'a si souvent manqué de fidélité et qui a donné tant d'exemples d'immoralité soit réduit à vivre de ce qu'il tient de mes bontés."

Heureusement, au printemps 1807, après que Napoléon eût vaincu les Autrichiens à Eckmühl, la duchesse de Courlande et sa fille de 16 ans, la jeune Dorothée, future duchesse de Dino -qui vient tout juste d'épouser Edmond de Périgord, neveu de Talleyrand- apparaissent dans la vie de notre grand séducteur. Ce mariage n'est pas le fait du hasard, c'est Charles-Maurice qui a tout arrangé, pour simplement, si l'on peut dire, s'approprier l'immense fortune des Courlande.

Bien vite il tombe amoureux de la duchesse, et il éprouve pour elle une passion dévorante, d'ailleurs réciproque. Ce fut en quelque sorte un véritable coup de foudre ; témoin cette lettre qu'il lui a écrite : *Je trouve tout supportable quand je suis près de vous. Vous ! Vous ! Vous ! Voilà ce que j'aime le plus au monde.* Surnommée "la sultane favorite du prince enchanteur", la duchesse de Courlande, née Anne-Charlotte-Dorothée de Medem, est encore à 47 ans, nous dit son biographe : svelte et onduleuse dans ses lignes, le visage délicieux, le sourire enjoué, prompte aux entraînements, experte à tous les jeux secrets de l'amour, elle n'a rien perdu de ses charmes.

Notre ami se console ainsi de l'état de disgrâce dans lequel l'a plongé l'Empereur, en songeant tout haut : *Que lorsque l'on n'a pas ce que l'on aime, on se contente d'aimer ce que l'on a !* Cependant, et en toute honnêteté, il faut bien avouer qu'il supporte plutôt mal cette disgrâce ; aussi, pour ramener Napoléon à de meilleures dispositions à son égard, il lui adresse de longues lettres implorantes à l'image de celle-ci dans laquelle on peut lire : *Tout ce qui me rappelle le temps où j'étais assez heureux pour que mes moments fussent utiles à votre service, contribue à attrister mon séjour à Paris.*

Enfin le maître le rappelle en cette fin d'année 1809, car il veut se séparer de Joséphine pour être en mesure de se remarier, et pour cette opération il a besoin de l'esprit tortueux et retors de Talleyrand. Sur les conseils de ce dernier, il choisit l'archiduchesse Marie-Louise, qui le rapproche de l'Autriche, mais qui, par contre, entame le crédit de confiance auprès du tsar. De cette façon les liens avec la Russie vont se distendre. Charles-Maurice commet un autre acte de trahison, en conseillant à la Russie de s'entendre avec l'Angleterre, en secret, bien entendu ! Notre ami vient ainsi de se venger des affronts qu'on lui a fait subir.

Cependant, comme cela ne lui semble pas suffisant, il se déchaîne contre son successeur au ministère des Relations extérieures qui n'est autre que Maret, duc de Bassano. Il enrage de voir que son poste est occupé par cet incapable, totalement inféodé à Napoléon, et ne peut s'empêcher de laisser couler ce fiel amer : *Je ne connais au monde qu'un homme plus bête que Maret, c'est le duc de Bassano !* Pour l'homme d'esprit qu'il est, la bêtise chez les autres est un défaut impardonnable. Mais à l'adresse des Maret et autres victimes de son ironie, il ajoute : *Il y a des gens qui n'ont même pas leur bêtise à eux !*

Après ce nouveau coup de poignard dans le dos de l'Empereur, mais l'esprit serein, M. de Talleyrand-Périgord se rend comme chaque année à Bourbon-l'Archambault, pour suivre une cure dont il retire les plus grands bienfaits. *Cette cure de jouvence,* comme il se plaît à le dire, *je lui dois la vigueur de mon corps et la verdeur de mon esprit.* Pourtant tout le monde ne partage pas sa sérénité. Les termes de la lettre, que lui adresse une femme du peuple, lui lancent à la figure le reproche de sa conduite indigne, et jettent une ombre sur le plaisir qu'il prend à soigner ses rhumatismes en buvant de l'eau et en prenant des bains de boue. "Allez, l'abbé, lui écrit-elle, que cela ne vous inquiète pas, vous avez de la boue jusqu'au cou, qu'importe que vous vous en mettiez par-dessus la tête !" Notre personnage a beau répondre d'un air détaché : *Tout ce qui est exagéré n'a pas de valeur,* il n'en reste pas moins affecté par ces marques d'hostilité de la part de gens qu'il ne fréquente pourtant pas.

Pour ne pas déroger à ses habitudes, Charles-Maurice mène grand train, mais comme il n'est plus aux affaires, il ne peut plus se remplir les poches comme il le faisait encore récemment, lorsqu'il exerçait ses fonctions de ministre des Relations extérieures. Le temps des pots-de-vin étant momentanément révolu, ses revenus ne suffisent plus à couvrir ses énormes besoins d'argent. C'est pourquoi, et parce qu'un de Talleyrand ne peut vivre que sur un grand pied, il réclame au tsar 1.500.000 francs. Le tsar les lui refuse avec beaucoup de grâce, mais les lui refuse tout de même !

Le brouillon de cette lettre, retrouvé dans les archives russes, nous donne la teneur de la réponse faite par l'Empereur de Russie : "J'ai tout de suite été persuadé qu'une mauvaise situation dans vos affaires domestiques exigeait de vous, très impérieusement, que vous retrouviez sans délai à votre disposition une aussi forte somme que celle dont vous me parlez. J'ai vu votre confiance à mon égard avec une juste et grande satisfaction et je vous en remercie. Mais je vous le demande, mon Prince, à vous-même, sans vous desservir complètement puis-je déférer à ce vœu ? Placé par la Providence, comme je le suis, à l'égard d'un étranger, je dois dans une pareille circonstance écouter autre chose que mon affection. Si je vous rends ce service, par qui, comment le puis-je sans qu'il n'en soit rien su ? Par conséquent, à combien de soupçons ne seriez-vous pas exposé... C'est donc à regret, mon Prince, que je me refuse à moi-même le plaisir que je trouverai toujours à vous obliger." Pour une fois M. de Talleyrand a trouvé encore plus hypocrite que lui !

Napoléon, devant les menées de la Russie, engage la guerre. La Grande Armée s'enfonce très au-delà du Niémen. Charles-Maurice est resté à Paris où il conspire de plus belle. L'Empire craque de toutes parts, et notre ami, par l'intermédiaire de son oncle l'archevêque Alexandre de Talleyrand-Périgord émigré à la cour de

Louis XVIII, fait des offres de service à ce dernier qui ne les repousse pas. Cependant il est encore trop tôt pense Louis XVIII, qui se souvient également de l'attitude de l'ex-évêque d'Autun pendant la Révolution, et de sa participation dans l'affaire du duc d'Enghien, sans oublier le rôle de geôlier qu'il a tenu avec les Bourbons d'Espagne.

Mais les grands desseins s'accommodent fort bien de ce genre de situation, et la voix de la conscience est bien vite étouffée lorsqu'il s'agit de s'emparer du pouvoir suprême. Louis XVIII fait donc savoir à Charles-Maurice qu'il accepte de sa part tout ce qui pourra contribuer à délivrer la France du joug qui l'opprime. Certes, il faut délivrer la France, mais, s'étonne Fouché :

> "Je trouve extraordinaire qu'il n'y ait pas encore un Jacques Clément pour nous débarrasser du tyran, comme ce moine nous a débarrassés d'Henri III !"
> *Que voulez-vous, mon cher,* lui répond Talleyrand, *la religion se perd !*

C'est aussi Fouché, autre cynique mais de moindre allure (sa noblesse est bien plus récente) qui lui apprend les premiers désastres de nos armées en Russie. Talleyrand, malgré la gravité de la situation, ne peut s'empêcher d'égratigner Bassano, son souffre-douleur : *On a exagéré nos pertes. On annonçait que tout le matériel était perdu, et voici qu'on apprend le retour du duc de Bassano !*

Les conversations entre les deux hommes roulent souvent sur le même sujet : la chute de Napoléon.

> "L'Empereur est perdu" constate le duc d'Otrante.
> *Bah !* rétorque son compère, *c'est un homme qui a réussi à me dégoûter des formes rondes pour lesquelles j'avais eu, à dix-sept ans, une grande prédilection.*

"Et pourquoi n'aimez-vous plus les formes rondes ?" s'étonne Fouché.

A cause des boulets de canon ! lui rétorque malicieusement notre ami.

Chapitre 23

LE COMMENCEMENT DE LA FIN

"Mon Dieu, gardez-moi de mes amis, mes ennemis je m'en charge !"

En cette fin d'année 1812, c'est la défaite des armées françaises, la retraite de Russie et le passage de la Bérézina. *C'est le commencement de la fin !* s'exclame alors Charles-Maurice, et il a raison car à partir de cet instant les événements vont se précipiter.

Napoléon à Moscou se plaint auprès du grand écuyer Caulaincourt de l'absence de notre ami : "Si j'avais envoyé Talleyrand à Varsovie, j'aurais mes six mille cosaques polonais et mes affaires auraient tout de suite une autre face... J'ai eu tort de me fâcher contre lui... Il aurait plus fait par le salon de Mme Tyszkiewicz à Varsovie que Maret et l'abbé Pradt avec leur zèle et leur bavardage !" C'est pourquoi il lui demande de reprendre son portefeuille de ministre des Relations extérieures. Mais Charles-Maurice se garde bien d'accepter et se contente, si l'on peut dire, d'encourager l'Autriche à rompre son alliance avec la France. C'est le coup de grâce qui va précipiter la chute du "tyran." Comme Voltaire, Napoléon a dû penser : "Mon Dieu, gardez-moi de mes amis, mes ennemis je m'en charge !"

D'ailleurs Talleyrand a si peu envie de lier son sort à celui de l'Empire agonisant, qu'il décide de faire porter un message de trois lignes au tsar et à Metternich, leur annonçant que la route vers Paris est libre, et qu'il convient d'attaquer immédiatement pour s'emparer de la capitale. Mais bien entendu notre ami ne veut prendre aucun risque. Par précaution il fait rédiger le billet par Dalberg, car on ne sait jamais, si les choses tournaient mal, il pourrait toujours affirmer qu'il était étranger à cette affaire !

Dalberg, furieux de constater que c'est à lui que l'on fait prendre tous les risques, fustige Talleyrand : "Vous ne connaissez pas ce singe, il ne risquerait pas de se brûler le bout de la patte même si les marrons étaient pour lui seul !"

Pourtant Dalberg est ami de Talleyrand, c'est bien d'ailleurs ce qui lui a valu sa disgrâce. Et Dalberg ne décolère pas contre l'Empereur qu'il hait de toutes ses forces. Ce dernier lui rend bien son antipathie, si l'on en croit ce qu'il dit à Caulaincourt : "C'est un agent d'intrigues, un faiseur d'affaires, un véritable agioteur de bourse. On m'a toujours dit que c'était un intrigant. Je ne voulais pas croire qu'un si beau nom pût être si mal porté. J'en ai fait un Français (il était Allemand) il me doit sa fortune. Je l'ai marié, comblé de biens, d'honneurs et de richesses. J'ai fait plus pour lui que pour tous les braves qui m'ont mis la couronne sur la tête..."

Maintenant notre personnage, et avec l'aide d'Aimée de Coigny, pousse ses pions en direction de Louis XVIII. C'est Aimée d'ailleurs qui essaie de l'amener à l'idée que le roi en exil pourrait rentrer dans son pays et monter sur le trône de France. Talleyrand a écarté l'éventualité de l'avènement du duc d'Orléans dont Aimée de Coigny lui a dit : "C'est un usurpateur de meilleure maison qu'un autre, mais c'est un usurpateur !"

Charles-Maurice est bien conscient que le retour de la royauté est souhaitable, mais c'est le retour des Bourbons qui ne l'est pas à ses yeux ! En effet il nourrit à leur égard les plus grandes craintes, et redoute leur vengeance. Et puis chez les Talleyrand on a sa fierté. On condescend bien à accepter la restauration des Bourbons, mais on ne saurait devoir rendre des comptes ! *Je veux bien du roi, mais il faut faire connaître comment je suis bien avec cette famille. Je m'accommoderais encore assez avec Monsieur le comte d'Artois parce qu'il y a quelque chose entre lui et moi qui expliquerait beaucoup de ma conduite ; mais son frère ne me connaît pas... Je ne veux pas, je vous l'avoue, au lieu d'un remerciement, m'exposer à un pardon ou avoir à me justifier.*

Grâce à la duchesse de Courlande, sa très riche et très fidèle amie, il reste en contact avec la Russie. La duchesse a du charme, de la fortune, et surtout les faveurs de Talleyrand. Cet état de chose rend jalouse, lady Yarmouth, qui se moque de sa rivale, âgée il est vrai, de presque 50 ans, en lançant à l'adresse de Charles-Maurice : "Rien ne semble le captiver autant que la vieillesse, car toutes ses amies sont de véritables antiquités !"

Durant toute cette longue période de disgrâce, pendant laquelle il a préparé la chute du tyran, notre ami attend le résultat de ses manoeuvres en continuant à fréquenter ses belles amies, et en complotant ouvertement avec elles. Il se sert de *l'armée des femmes,* pour faire avancer les choses comme il se plaît à le répéter ! D'ailleurs Charles-Maurice n'a jamais renoncé à séduire les femmes que le destin a mis sur son chemin, quels que soient par ailleurs ses soucis et ses préoccupations de l'heure. Il fait leur connaissance dans les salons et les reçoit chez lui dans ses différents hôtels particuliers de la rue d'Anjou, de la rue de Varenne et de la rue Saint-Florentin. C'est là, le plus souvent, qu'il a rencontré toutes celles qui ont fait partie de la "société Talleyrand".

Glissons-nous dans le petit salon de la vicomtesse de Laval et regardons celles qu'il y retrouve : tout d'abord, Mme de Laval, bien entendu, auprès de laquelle vit Narbonne, le vieil ami de Talleyrand. Il faut entendre Aimée de Coigny nous parler d'elle pour la mieux imaginer : "Elle est la plus piquante, la plus gaie, la plus absolue, la plus aimable et la moins bonne des femmes. Maîtresse de M. de Talleyrand quand elle était jolie, actuellement son amie très exigeante, c'est la seule au fond qui ait de l'empire sur lui."

Il y a aussi la duchesse de Courlande, dont nous venons de parler. Elle est Russe et dans ce sérail, c'est elle "la sultane." Elle a sept ans de moins que Charles-Maurice, et conserve toute sa grâce, et des restes de beauté que beaucoup lui envient. Vitrolles n'est pas le moindre de ses admirateurs : "Sa taille charmante n'est pas élevée ; sa figure est fraîche comme celle des filles du Nord, ses traits gracieux, ses yeux charmants, sa bouche délicate, ses dents superbes. Le seul défaut de son visage est peut-être son nez un peu long. Son esprit n'a pas précisément de supériorité, mais elle parle plusieurs langues avec une grande facilité et le français avec une pointe d'accent étranger qui n'est pas désagréable. Sa parole est gracieuse et abondante, parfois avec quelques excès dans l'intimité !..."

Nous trouvons également, dans le salon de la vicomtesse de Laval, la princesse de Vaudémont née Montmorency, à propos de laquelle on dit : "Esprit de la Ligue, tempérament de la Fronde." C'est chez elle que Fouché et Talleyrand se sont rencontrés il y a bien longtemps. Nous avons déjà évoqué cette belle femme à la forte personnalité. On trouve, paraît-il, tout naturel que chez elle, ses petits chiens aient le droit de mordre les ministres et les ambassadeurs ! La princesse de Vaudémont reçoit ses amis très librement, sans leur imposer de contraintes. C'est ce que nous révèle Aimée de Coigny : "On peut regarder sa maison comme l'asile le plus doux de l'amitié et le lieu le plus dangereux pour les gouvernements mal affermis. On y complote en toute sûreté. Les fauteuils y sont si bons, la vie si agréable et si niaise que les espions s'y endorment."

Au hasard des soirées, on peut y rencontrer la comtesse Tyszkiewicz, qui est son "esclave" depuis plus d'un quart de siècle. Mme de Rémusat nous dit : "Elle est coiffée en cheveux et couronnée de fleurs. Malgré ses quarante-cinq ans et son œil de verre, elle éprouve pour Charles-Maurice une véritable passion dont il s'est cependant lassé. Chez elle on joue, dans le plus grand silence, un jeu d'enfer qui distrait le Prince de ses travaux et de ses soucis." Sa nièce est la jeune princesse Potocka, qui a quitté le salon feutré du prince de Ligne, où se retrouvent tous les gens d'esprit aux manières délicates. Quel contraste avec l'ambiance régnant autour des tapis verts de certains salons parisiens !

Dans le même temps, par personnes interposées, et toujours en grand secret, il noue des fils avec le comte d'Artois. Ce dernier qui connaît bien notre personnage s'exclame perfidement : "Talleyrand est si drôle, il a tant d'esprit quand il ne fait pas de politique !" Au mieux avec tous ceux qui pourraient un jour prendre quelque importance dans les affaires de la France, M. de Talleyrand ne saurait être pris au dépourvu !

Les armées napoléoniennes, malgré le courage des

vieux grognards, subissent défaites sur défaites, ce qui fera dire un peu plus tard à notre ami, lorsqu'on lui parlera du délabrement de l'armée et du pillage du musée du Louvre : *L'armée est comme le Louvre. Dans l'un comme dans l'autre il ne reste que les vieux cadres !*

Les avant-gardes prussiennes sont aux portes de Paris. L'Empereur tente de revenir sur la capitale, mais il est trop tard, et peu après, le tsar Alexandre fait son entrée à Paris. Voici venu, pour Napoléon, le temps de la capitulation. Le prince de Bénévent doit abandonner le rêve, un instant caressé, de voir s'instaurer une Régence, dans l'attente de l'avènement du petit roi de Rome. Il espérait ainsi détenir, auprès de l'Impératrice Marie-Louise, le vrai pouvoir. Pourtant Napoléon, il y a peu, l'avait mis en garde contre cette espérance qu'il avait devinée. La scène se passe au lever de l'Empereur ; celui-ci, inquiet et tendu, est à bout de nerfs. C'est alors qu'il apostrophe violemment notre ami : "Que venez-vous faire ici ? Je sais que vous vous imaginez que si je venais à manquer vous seriez le chef du Conseil de Régence. Prenez garde, Monsieur ! On ne gagne rien à lutter contre ma puissance. Je vous déclare que si j'étais dangereusement malade, vous seriez mort avant moi !"

Il ne lui reste donc qu'à aller au-devant des vainqueurs, et à leur confirmer ses bonnes dispositions à faciliter leurs desseins. Même dans la défaite, M. de Talleyrand n'est jamais à court d'idées sur la voie de la servilité. Il faut dire qu'il a si bien su préparer ces lendemains qui déchantent... En gage d'allégeance aux futurs vainqueurs, il fait placarder sur tous les murs de Paris une affiche proclamant : *Vive le roi ! Vive Louis XVIII !, Vive nos généreux libérateurs !* On a beau se dire qu'il a toujours su aller dans le sens du courant pour sauvegarder à n'importe quel prix son intérêt, il y a tout de même des démarches qui surprennent !

Il semble bien que les chroniqueurs de l'époque, et la presse en général, se soient offusqués également de la démarche de Talleyrand. Les quolibets et les surnoms fleurissent, Monsieur le prince de Bénévent devient, sous des plumes acides, "Monsieur de bien au vent" ou bien encore "Tourne toujours" . Talleyrand répond à ses détracteurs avec la plus mauvaise foi du monde, mais non sans humour : *On me fait le reproche d'avoir encore changé d'avis, mais n'y a-t-il pas plus belle preuve de ma fidélité que de rester fidèle à mon inconstance !*

Notre personnage sait toujours trouver les arguments lorsqu'il lui faut justifier ses revirements successifs. Bien entendu, chez lui l'objectivité et l'honnêteté intellectuelle sont des notions toutes relatives... Voici ce qu'ose affirmer celui que l'on pourrait surnommer "le caméléon", pour expliquer ses multiples trahisons : *Les régimes passent, la France reste. Parfois en servant un régime avec ardeur, on peut trahir tous les intérêts de son pays, mais en servant celui-ci, on est sûr de ne trahir que des intermittences !*

Après avoir appris le désastre, Napoléon se dirige sur Fontainebleau. C'est là, après les abandons, les revirements ou les ralliements du maréchal Marmont, puis du maréchal Ney, et de bien d'autres encore, qu'il est contraint d'abdiquer. Cette trahison, que l'on reproche à Marmont, est excusée très volontiers par notre ami lorsqu'il avoue : *La grande faute de Marmont est d'avoir eu une montre qui avançait d'un quart d'heure sur les nôtres !* On comprend pourquoi il fait preuve de tant de clémence et de sollicitude, lorsque l'on sait le rôle prépondérant qu'il a joué dans la venue des armées étrangères à Paris. Par cette réflexion, c'est un peu à lui-même qu'il donne l'absolution.

Lorsque l'Empereur abdique, il le fait tout d'abord en faveur de son fils Napoléon II, mais, devant le refus formel du tsar, il doit se démettre sans condition. Il faut souligner que Talleyrand a vivement conseillé à Alexandre de refuser l'avènement de "l'Aiglon" au trône de France. Ce sera la première vengeance de cet homme plein d'ingratitude, comme nous le confirme la scène suivante : Metternich lui montrant le petit roi de Rome, que sa mère, l'ex-impératrice Marie-Louise, tient sur ses genoux, lui demande : "Reconnaissez-vous cet enfant, M. de Talleyrand ?" Et ce dernier ainsi interpellé, de répondre : *Je le connais Monsieur, mais je ne le reconnais plus !*

Nous sommes alors le 6 avril 1814, et pour l'Empereur déchu, comme l'a prédit si justement notre personnage, c'est vraiment le commencement de la fin. Situation terrible dont il se réjouit presque lorsqu'il avoue à Mme de La Tour du Pin : *Oh ! Laissez-moi tranquille avec votre Empereur. C'est un homme fini ! Je veux dire que c'est un homme qui se cachera sous un lit !... Il est à bout, voilà tout.*

Que faire du vaincu ? Voilà un problème bien ennuyeux ! Le tsar, dans un élan de générosité, et sans doute en souvenir du temps où il était "son ami de Tilsit", propose à Napoléon la souveraineté de l'île d'Elbe, et une rente de deux millions que lui versera le frère de Louis XVI.

Talleyrand, de son côté, ne perd pas de temps. Le même jour il se fait nommer président du Gouvernement provisoire et prépare une nouvelle constitution, une de plus. Cette constitution qu'il fait voter par le Sénat, prévoit en son article 2 : "Le peuple Français appelle librement sur le trône de France Louis Stanislas Xavier de France." Cette formulation ne plaît pas beaucoup au futur Charles X, et cela pour au moins deux raisons. Tout d'abord cette manière d'exprimer les choses est en quelque sorte un reniement de la légitimité du roi, puisqu'ainsi c'est le Sénat qui appelle de ses voeux la royauté. Ensuite, Monsieur, frère du roi, n'est plus reconnu comme étant le lieutenant général du royaume. Deux bonnes raisons pour montrer son mécontentement. Mais faisant contre mauvaise fortune bon cœur, puisque Talleyrand promet de lui céder la présidence du gouvernement, il se résigne, et fait une entrée remarquée dans Paris. La foule acclame ce Bourbon qu'elle connaît pourtant si peu, mais la vérité oblige à dire qu'en fait, c'est surtout la paix enfin retrouvée que les Français acclament.

Chapitre 24

LOUIS XVIII

"C'est un grand malheur pour une nation qu'un bon homme, dans une place qui exige un grand homme !"

Cependant, ces moments de liesse passés, il faut revenir à la dure réalité. L'Impératrice est partie sur les bords de Loire, comme le lui avait demandé son mari. Voilà un bien triste sort après la vie fastueuse qu'elle menait, il y a peu de temps encore. De même pour l'ex-maître de la France commencent des temps difficiles ; envolées la morgue et l'arrogance de l'Empereur, ainsi que sa grossièreté envers les femmes. En effet, Napoléon n'est pas un être particulièrement délicat, et il lui arrive fréquemment d'être impoli. La scène qui suit le montre sous un jour malheureusement peu favorable, mais on ne la trouve guère racontée dans les manuels d'histoire. Lors d'une soirée, Napoléon interpelle publiquement Mme de Fleury, connue effectivement pour sa légèreté et ses nombreux amants :

"Alors Madame, aimez-vous toujours autant les hommes ?"

"Oui sire, surtout lorsqu'ils sont polis !" lui rétorque-t-elle, démontrant par-là qu'elle avait l'esprit au moins aussi léger que ses mœurs !

L'Impératrice s'est réfugiée avec la Cour à Blois où Charles-Maurice envoie un certain Didon récupérer le trésor impérial. Didon, qui voue une haine farouche à Napoléon, se charge de cette mission avec délectation, trouvant là le moyen d'assouvir sa vengeance contre le tyran. Il s'empare des diamants de la couronne, de nombreux bons du Trésor, et de douze millions de francs en pièces d'or. Il va même jusqu'à arracher, du cou de l'Impératrice, son collier, cadeau personnel de son époux. Il emporte également avec lui l'argenterie ainsi que les habits et les ornements du sacre, poussant la rapacité jusqu'à dérober un lot de mouchoirs appartenant à l'Empereur.

Hélas pour lui, le butin est intercepté en cours de route par deux commissaires de M. le comte d'Artois. Apprenant la nouvelle, Charles-Maurice se précipite en personne pour récupérer le trésor, mais en vain ! Avait-il l'intention de remettre cette prise à la Trésorerie Nationale, comme il l'a prétendu, ou bien ne songeait-il pas plutôt à opérer une ponction substantielle à son profit ? Nul ne le saura jamais ; mais avec lui, le pire n'étant jamais tout à fait sûr, tous les doutes sont permis !

Pour sa part, le Saint-Siège envoie le sculpteur Canova à Paris, pour récupérer les objets d'art emportés par les armées napoléoniennes, à titre de butin de guerre, pendant la campagne d'Italie. Canova, reçu par Talleyrand, se présente ainsi : "Je suis l'ambassadeur du Saint-Père", et Charles-Maurice de lui rétorquer, très pince-sans-rire : *Vous voulez dire emballeur du Saint-Père, mon cher Canova !*

Reste posé cependant le problème principal : qui va prendre en mains les rênes du pouvoir en attendant l'arrivée de Louis XVIII ? Talleyrand -on n'est jamais si bien servi que par soi-même-, s'est arrogé la présidence du Gouvernement provisoire. Autour de lui, le général de Beurnonville, l'abbé Montesquiou, le sénateur Jaucourt, et le duc de Dalberg. Ce qui inspire à Chateaubriand cette répartie spirituelle : "Il a constitué le gouvernement avec les partenaires de son whist." Le comte d'Artois, envoyé en éclaireur par son frère, semble tout désigné, mais Charles-Maurice n'est nullement pressé de déposer son autorité aux pieds du futur Charles X. Cependant, sollicité avec insistance, il finit tout de même par céder.

Le comte d'Artois, revenu en France, savoure le plaisir de retrouver la mère patrie, et dans l'exaltation du moment il se serait écrié : "La France ! Je la revois enfin ! Rien n'y est changé, si ce n'est qu'il s'y trouve un Français de plus." En fait cette phrase passée à la postérité aurait été composée par Beugnot pour la faire paraître dans "Le Moniteur" afin de marquer, par un mot fort, le retour du comte d'Artois.

L'Empereur François 1er d'Autriche fait son entrée solennelle à Paris, encore qu'il n'ait nul motif d'être fier de sa démarche. En effet ne vient-il pas de chasser sa fille, l'Impératrice, et son petit-fils, alors que son gendre attend à Fontainebleau qu'on le conduise à l'Ile d'Elbe ?

Le traité de Fontainebleau est signé le 11 avril 1814 : il s'avère si désavantageux pour la France, qu'on soupçonne Talleyrand d'avoir perçu à cette occasion de bons gros pourboires diplomatiques. Avec ce diable d'homme, allez donc savoir ! Mme de Staël lui en fera d'ailleurs de vifs reproches, mais notre ami s'en console en philosophant : *Je suis un vieux parapluie sur lequel il pleut depuis plus de quarante ans, que m'importe une goutte de plus ou de moins !*

Louis XVIII souhaite regagner la France au plus vite, après un si long exil. Dès que sa crise de goutte est apaisée, il peut débarquer à Calais le 24 avril. Suivant les conseils de Talleyrand, il promet d'accepter, dans sa totalité, la constitution qui lui est proposée. Délaissant, pour une fois, les avis des ultra-royalistes qui le poussent à reprendre le libre exercice de la souveraineté, il fait preuve enfin d'une certaine autorité. Notre ami reçoit le portefeuille de secrétaire d'Etat pour le département des Affaires étrangères, après avoir vainement espéré le poste de Premier Ministre. En fait, n'a-t-il pas été le Président du gouvernement provisoire de la Restauration ? Sa déception est très grande ; d'ailleurs il va vite perdre ses dernières illusions, si tant est qu'il en avait encore !

Lors de sa rencontre à Compiègne avec Louis XVIII, ce dernier, tout juste reconnaissant des efforts déployés par Charles-Maurice en sa faveur, marque ses distances. A la fois déçu et furieux, il laisse éclater sa rancœur à l'encontre du nouveau roi : *Egoïste, épicurien, insensible et ingrat, c'est le plus fieffé menteur que la terre ait jamais porté !* Continuant de déverser sa bile, il ajoute : *C'est un grand malheur pour une nation qu'un bon homme, dans une place qui exige un grand homme !* C'est un connaisseur qui parle !

Les royalistes émigrés, inconscients des changements intervenus en France depuis la Révolution, regagnent la Cour. Ils se conduisent comme si le temps ne s'était pas écoulé, comme si tout était resté figé pendant ces vingt-cinq dernières années, et depuis leur fuite. Pour preuve, voici ce que certains d'entre eux proclament sans vergogne : "Notre faveur est telle auprès du public que nous pouvons nous permettre de faire vingt-cinq sottises par jour, mais il faut éviter d'en faire cinquante !" Quel aveuglement ! Ils en feront cent et même davantage, et cela les conduira là où l'on sait.

Il faut dire que l'exemple vient d'en haut. Ainsi

L'ardente Mme de Staël.

Fouché, Ministre de la Police.

Talleyrand au Congrès de Vienne.

Dorothée de Périgord, nièce et égérie de Talleyrand.

Le château de Valençay en terre Berrichonne.

Pauline de Talleyrand Périgord (Minette).

Talleyrand par Prud'hon
(Coll. du comte de Castellane, Paris).

Charles-Maurice de Talleyrand, alors qu'il était ambassadeur à Londres.
(Coll. M. et Mme Gaston Polewski).

Louis XVIII reçoit-il fort mal l'Empereur Alexandre de Russie, à qui pourtant il doit, en grande partie, d'avoir regagné le trône de France. Il lui réserve un accueil condescendant, et traite le vainqueur d'hier avec une rare désinvolture. Le tsar en prend légitimement ombrage et s'en souviendra fort à propos, lors du deuxième traité de Paris, l'année suivante.

Charles-Maurice est abasourdi par une telle attitude de la part du roi. Il partage tout à fait l'opinion du souverain russe qui trouve que, décidément, tout est dû à ces Bourbons qui se croient d'une essence supérieure. Quant à Napoléon, il exprime à peu près le même sentiment lorsqu'il constate depuis l'île d'Elbe où il est retenu prisonnier : "Depuis peu de mois que les Bourbons régnent, ils nous ont convaincus qu'ils n'ont rien oublié, ni rien appris."

Cependant, bien que déçu par le roi, notre ami ne peut s'empêcher de lui débiter des flagorneries dont il a le secret : *Sire, vous succédez à vingt années de ruines et de malheurs...* C'est un peu vite oublier qu'il a lui-même participé, pendant ces vingt années, à l'exercice du pouvoir, et que Napoléon avait tout de même, en quelque sorte, semé des idées de liberté, donné à son pays le Code civil (justement appelé "Code Napoléon") et réorganisé la France administrative, même si, bien entendu, le passif reste très lourd.

Le roi, ainsi qu'il l'avait promis, adopte la constitution mais en déclarant : "Un grand nombre d'articles ont été rédigés sans doute dans la précipitation ; il convient donc de les modifier." Le 3 mai, on célèbre un grand Te Deum à Notre-Dame. Talleyrand, installé dans le chœur, attend, impassible, l'arrivée du roi. Il se trouve au même endroit que lorsqu'il assistait à d'autres cérémonies du même genre, célébrées à l'annonce des victoires des armées napoléoniennes, et lors du sacre de l'Empereur. Les années passent, les hommes changent mais Monsieur de Talleyrand demeure... Voilà l'illustration bien édifiante du comportement de notre cher homme, qui nous éclaire mieux sur sa véritable nature !

Louis XVIII a exigé que la Garde soit présente à la cérémonie. De vieux grognards sont là, mais ils ont descendu leurs bonnets à poil jusque sur leurs yeux, pour éviter d'avoir à contempler le déroulement de cette scène qui les blesse jusqu'au plus profond d'eux-mêmes. Chateaubriand, témoin de ce fait, raconte que leurs mâchoires se contractent sous l'effet d'une rage impuissante.

Charles-Maurice, déçu et fatigué, se plaint auprès de Mme de Courlande : *Tout cela serait bien si je ne voyais pas, autour de M. le comte d'Artois, de bien petits esprits qui ont une fâcheuse influence sur le roi.* Et il a raison de s'inquiéter ainsi, car le nouveau roi, soucieux de plaire à chacun, et surtout aux ultras, se laisse influencer. C'est bien dommage pour la France, car ce souverain a pourtant toutes les capacités nécessaires, pour conduire honorablement les affaires de son pays.

Toutefois Louis XVIII va prendre en mains les destinées du royaume, mais certaines de ses décisions font sourire notre ami. Ainsi, lorsque à Saint-Ouen le roi lui présente le projet de charte qu'il compte donner à la France, il s'inquiète en lui faisant remarquer :

> *Mais Sire, il n'est rien prévu pour le traitement des députés ?*
>
> "J'entends, lui répond le souverain, que leurs fonctions soient gratuites. Elles n'en seront que plus honorables."
>
> Et Talleyrand de rétorquer le plus sérieusement du monde :
>
> *Oui Sire, oui, mais gratuites, ce sera bien cher !...*

Lui sait pertinemment, en effet, combien coûtent les gens qui se paient eux-mêmes !

Charles-Maurice, qui espérait davantage, reçoit donc le ministère des Affaires étrangères. Lors de la cérémonie de réception, il présente Mme de Talleyrand au roi Louis XVIII. Cette présentation officielle inspire un journaliste anglais, qui écrit le lendemain cet entrefilet satirique : "Hier, après la messe, Monseigneur l'évêque d'Autun a eu l'honneur de présenter sa femme au fils de Saint-Louis !"

La préparation du traité de paix est pour Talleyrand l'occasion d'exercer les talents de diplomate que chacun se plaît à lui reconnaître. Ce traité, reprenant les grandes lignes de l'armistice qu'il a lui-même signé, satisfait pleinement l'Autriche, toute surprise d'obtenir autant de ce partenaire aussi conciliant. En remerciement de cette attitude complaisante, l'empereur d'Autriche lui attribue les insignes de la Toison d'Or, et lui alloue une très forte somme d'argent.

Enfin notre pays a retrouvé la paix. Les soldats étrangers ont quitté le sol français, et c'est cela en fait que le peuple apprécie par-dessus tout. Nous le savons, le tsar Alexandre de Russie n'aime guère les Bourbons, voici d'ailleurs de quelle manière il les dépeint au général La Fayette : "Ils sont incorrigibles, il n"y a que le duc d'Orléans qui ait des idées libérales, mais pour les autres il n'y a rien à espérer."

Bien entendu, M. le marquis de la Fayette s'étonne : "Mais alors pourquoi les avoir ramenés ?" "Hélas! "lui répond le tsar," ce n'est pas de ma faute, on m'en a fait arriver de tous les côtés, et ils ont gagné sur moi comme une inondation !"

Si l'on a reproché à Talleyrand, dans cette affaire, les

pots-de-vin qu'il a sans doute perçus, il faut cependant reconnaître que les résultats obtenus pour la France s'avèrent finalement extrêmement bénéfiques. La paix retrouvée, c'est toute l'économie du pays qui va pouvoir être relancée. Et l'on sait très bien que sans richesse économique, il ne peut y avoir de progrès social. Alors qu'importe si le ministre des Affaires étrangères a prélevé à son profit quelques subsides, puisque dans l'ensemble, l'intérêt général y trouve aussi son compte !

Napoléon, lui, savait bien que ces pratiques n'étaient que des broutilles, comparées aux immenses avantages qu'elles procuraient en contrepartie. Ainsi disait-il à Champigny, successeur de Talleyrand aux Affaires étrangères pendant la disgrâce de notre ami : "Dans ce traité que vous avez préparé, vous avez stipulé que la France percevrait cent millions d'indemnités et que tout irait au Trésor ; avec Monsieur de Talleyrand, nous n'en aurions eu que soixante et dix pour lui, mais il y a quinze jours que tout cela serait terminé."

Pour Napoléon, les douceurs (on disait aussi les "Sweetnesses") de M. de Talleyrand coûtaient moins cher que le temps perdu avec les imbéciles et les incapables, aussi honnêtes fussent-ils ! En effet lorsque l'on fait la guerre, le temps est une donnée capitale. La conclusion rapide d'un armistice ou d'un traité permettant d'abréger un conflit n'a pas de prix au regard des vies humaines qui sont ainsi épargnées. D'ailleurs le même Napoléon a rendu justice sur ce point à son ministre lorsqu'il a déclaré : "Il n'était pas le seul, car jamais Ney, Oudinot et tant d'autres n'ont commencé et fini une bataille sans me demander de l'argent !"

CHAPITRE 25

LA PAIX RETROUVÉE

"Le Congrès ne marche plus, il danse !"

L'armistice a été signé, il reste à faire la paix. La tenue du Congrès de Vienne est imminente. Les quatre grandes puissances que sont l'Angleterre, la Russie, l'Autriche et la Prusse mèneront la danse. La France et les autres nations alliées sont condamnées à faire de la figuration, car tel est le triste sort des vaincus. Pourtant Charles-Maurice n'a pas l'intention "d'aller à Canossa " ; il va représenter la France et de quelle manière ! Jamais peut-être, mieux qu'à cette occasion, on a porté l'art de la diplomatie à de tels sommets. Pour s'en convaincre il suffit de rappeler le jugement d'Edouard Herriot, citant la page remarquable écrite par l'historien Albert Sorel : "Il resta au fond de l'âme de Talleyrand, malgré son scepticisme de roué politique, un fond de libéralisme et un fond d'amour pour la France. On doit lui pardonner beaucoup ; ces deux vertus-là, encore qu'intermittentes chez lui et trop souvent voilées, rachètent bien des vices. Tout compte fait, et quelles que fussent les arrière-pensées personnelles qui se mêlaient à ses calculs, c'était, avant tout, la France qu'il servait à Vienne pendant les grandes négociations du Congrès." Et il l'a bien servie !

Notre cher homme part donc pour Vienne, mais il

ne part pas seul. Il est accompagné de sa nièce Dorothée, comtesse de Périgord, dont il a lui-même arrangé le mariage, et qui tient déjà une très grande place et dans sa vie et dans son cœur. Le début du Congrès approche, et les choses sérieuses vont bientôt commencer. Avant de partir, Louis XVIII lui donne les directives suivantes :

- "Ne pas donner à l'Autriche la possibilité de récupérer les Etats du roi de Sardaigne.
- Naples doit être restituée à Ferdinand VII d'Espagne.
- La Pologne ne doit pas être donnée à la Russie."

En fait, ces instructions ont été fortement inspirées par Talleyrand qui a pris soin de faire porter cet additif : *Il pourra être cédé ce qui est d'un intérêt moindre, pour obtenir ce qui est d'un intérêt supérieur.*

Même avec cette marge de manoeuvre potentielle qu'il s'est donnée, Charles-Maurice a des prétentions difficiles à faire valoir, car elles doivent être accordées à ceux qui ont perdu la guerre, par les états vainqueurs qui peuvent tout exiger. Pour autant Talleyrand parviendra à réaliser tout ce qu'il ambitionnait pour son pays, ce qui lui permettra d'écrire plus tard dans ses Mémoires : *Ce qu'il fallait, c'était trouver juste ce que la France voulait et ce que l'Europe devait vouloir. La France, au milieu des horreurs de l'invasion, voulait être libre et respectée : c'était vouloir la maison de Bourbon dans l'ordre prescrit par la légitimité... Avec la maison de Bourbon, la France cessait d'être gigantesque pour redevenir grande.*

C'est au Congrès de Vienne qu'il atteint l'apogée de son art. Délaissant, à cette occasion, ses vieux démons que sont l'intrigue, la vénalité et le mensonge, il s'érige en véritable homme d'Etat, soucieux des plus hauts intérêts de la France. Il rend à cette dernière toute son influence, à une période où, sans doute, elle n'avait jamais été aussi faible. On pourrait reprendre le mot de Lyautey à ce propos : "Après la guerre aussi complètement perdue, pouvait-on mieux gagner la paix ?"

La vérité oblige à reconnaître cependant que tous les historiens ne partagent pas ce point de vue. Louis Madelin dans son excellent "Talleyrand", plein de rigueur et de finesse, porte un jugement beaucoup plus sévère dont l'argumentation peut être résumée de la manière suivante : Talleyrand a fait tant de concessions lors de la négociation du Traité de Paris le 30 mai, que les avancées obtenues au Congrès de Vienne ne peuvent s'analyser que comme des miettes sans importance. En tout cas ce fut une pièce magnifique, jouée par le plus roué des hommes, sous le regard des grands de ce monde.

Toutefois, pour notre ami, la tâche s'annonce périlleuse car il a face à lui Metternich pour l'Autriche, un Metternich jeune certes, mais déjà redoutablement efficace, et Castlereagh pour l'Angleterre, qui se montrent intransigeants. Le premier aime bien Charles-Maurice, mais le connaît tout autant... Ne dit-il pas de lui : "Il n'eût point été, il ne serait pas ce qu'il est s'il avait été moral !" Quant au second il est glacial et triste, ses compatriotes mêmes le trouvent bizarre. Sa femme, au surplus assez sotte, l'est bien davantage encore ! On l'a vue l'autre jour au bal, coiffée du ruban de l'ordre de la Jarretière dont est décoré son mari : choquant, n'est-il pas ?

Pour Charles-Maurice, la tâche est rude, car les quatre grandes puissances ont décidé qu'elles seules pouvaient distribuer les pays devenus disponibles à la suite de la défaite de Napoléon. Aussi, pour tenter de redonner à la France le prestige qu'elle a perdu, il ne néglige aucune des armes dont notre pauvre pays dispose encore à cette époque, c'est-à-dire sa suprématie dans le domaine des arts, de la beauté et du savoir-vivre. Pour ce faire, il emmène avec lui Antoine Carême, son prodigieux cuisinier, le talentueux musicien qu'est Sigismond Neukomn, sa jeune nièce Dorothée de Périgord, et Melle Bigottini, première danseuse à l'Opéra, dont il fut l'amant semble-t-il, si l'on en croit la description élogieuse qu'il fait d'elle : *Elle est tout ce que l'on peut voir de plus joli. C'est une grâce, une légèreté, une gaieté. Elle a de grands yeux, des dents éblouissantes, qu'elle a grand soin de montrer ; c'est le corps le plus svelte, les épaules les mieux placées qu'il soit possible.*

Cependant ces atouts, aussi attrayants qu'ils fussent, ne sauraient suffire à mener à bien une si périlleuse mission. C'est pourquoi, au lieu d'attendre passivement qu'on lui règle son sort, il engage le fer dès le commencement des débats, bien qu'on souhaitât l'en tenir à l'écart. Il saisit le premier prétexte venu pour imposer ses vues au Conseil des Grands où siègent Metternich et Nesselrode. Ce dernier se méfie de Talleyrand, mais il faut dire que la description, que lui en a faite Pozzo di Borgo, n'est pas de nature à le rassurer : "Ses civilités mêmes sont des placements à usure qu'il faut payer avant la fin de la journée. Du reste, vous connaissez l'animal mieux que moi !"

Le prétexte que notre homme cherche pour se lancer dans la bataille, en fait ce sont ses ennemis qui le lui fournissent. Ainsi l'un des participants commet la malencontreuse erreur d'utiliser l'expression : "les puissances alliées." Talleyrand feint de sursauter et réagit aussitôt : *Les puissances alliées,* tonne-t-il, *alliées contre qui ? Pas contre Napoléon, il est à l'île d'Elbe. Ce n'est pas contre la France, la paix est faite. Messieurs, parlez franchement, s'il y a encore des puissances alliées, je suis de trop ici !*

Le prétexte est fallacieux et la ruse grossière, pourtant ce coup d'audace réussit. Chez les quatre grands on s'effraie un peu, et l'on rectifie la position en adoptant une attitude plus conciliante : "Certes le terme, puissances alliées, a été employé, mais c'était pour abréger, cela va sans dire !" Cependant Talleyrand ne désarme pas, et poussant son avantage, reprend sa diatribe : *On ne doit pas rechercher la concision aux dépens de l'exactitude,* rétorque-t-il, *et si cela va sans dire, cela va encore mieux en le disant !*

Dans le camp des vainqueurs, on essaie bien de réagir un peu ; et c'est le prince de Hardenberg, ministre de la Prusse, atteint d'une surdité notoire, qui s'étonne que l'on ait décidé, lors d'une séance précédente, que les négociations se feraient conformément au droit public. "Que vient faire ici le droit public ?" s'exclame-t-il. *Il fait que vous y êtes !* lui rétorque aussitôt Charles-Maurice. Par cette réplique, le Congrès doit se rendre à l'évidence, il vient de trouver son maître ! D'ailleurs, à la fin de cette séance, le tsar Alexandre déclare avec agacement : "Talleyrand fait ici le ministre de Louis XIV !" Ce qui est sans doute le plus beau compliment que l'on pouvait faire au représentant de la France vaincue. Ainsi grâce à son audace et à ses talents de grand diplomate, notre personnage réussit à obtenir, pour son pays, des conditions de paix avantageuses et en tout cas très honorables.

Nous le constatons, les discussions sont serrées et les réunions se succèdent à un rythme soutenu. Toutefois il ne faut pas s'imaginer que le Congrès de Vienne se déroule toujours ainsi, avec des séances continuelles et studieuses. On prend également le temps de se distraire et de s'amuser. Le représentant de la Suisse a rendu compte, après le Congrès, d'une scène dont il a été le témoin : "Au moment où je suis entré dans le premier salon, j'ai vu sortir de l'appartement de M. le prince de Bénévent, à la hâte, une jeune poulette, à peine habillée ; pour un ancien évêque la chose m'a parue édifiante !"

Mais les enjeux sont si importants que chacun espionne le camp adverse, ce qui fait dire à notre ami : *La cuisine se fait dans les alcôves !* Car bien entendu, l'espionnage est aussi l'affaire des femmes, peut-être même, devrions-nous dire, surtout l'affaire des femmes !

Charles-Maurice peut en juger par lui-même, puisqu'il se trouve bientôt placé au cœur d'une machination destinée à lui arracher les secrets de la négociation. L'auteur de ce "complot" n'est autre que la princesse Bagration, maîtresse du tsar, mais aussi espionne de haut vol. C'est une fort jolie femme à laquelle on ne résiste guère. Dommage qu'elle soit si grossière et d'une nature si violente !

Par les moyens qu'on devine, elle tente de séduire notre ami. Pourtant celui-ci reste insensible à ses charmes, et, qui plus est, s'amuse à lui faire savoir qu'il n'est pas dupe de ses manigances. Vexée, la belle espionne se répand en injures contre Talleyrand, qui lui renvoie cette flèche assassine : *Vous avez Madame, une manière d'écouter les secrets par-dessous la jambe, qui ne doit pas être commode tous les jours !*

Les fêtes battent leur plein en cette fin d'hiver 1814. Les chasses et les pique-niques succèdent aux bals et aux tombolas, on écoute la septième symphonie que vient de composer Beethoven. Tout ceci explique que les négociations pour établir la paix n'avancent pas très vite ! Charles-Maurice en fait un bon mot en déclarant : *Le Congrès ne marche plus, il danse !*

CHAPITRE 26

LA FIN DU TYRAN

"Il vaut mieux remettre au lendemain ce que l'on peut faire aujourd'hui, bien et facilement !"

On se plaint, par ailleurs, que la rente de deux millions prévue au traité de Fontainebleau n'ait pas encore été versée à Napoléon. La faute en incombe à Louis XVIII qui refuse de délier les cordons de la bourse, suggérant de surcroît que, pour éviter le retour du tyran , il serait prudent de l'éloigner des côtes françaises. Les Açores seraient un lieu d'exil mieux approprié. Cependant, cette destination étant estimée encore trop proche du territoire national, pour la première fois le nom de l'île de Sainte-Hélène est avancé. Le sort en est jeté et le Congrès vote la déportation le 10 février 1815.

Par contre, ce que cette docte assemblée ignore, c'est que Napoléon a déjà décidé son retour en France, sans se préoccuper des projets que d'autres forment à son endroit ! Et le 1er mars 1815, il débarque à Golfe-Juan. La nouvelle jette la consternation et la stupeur chez tous les grands personnages réunis à Vienne. Un vent de panique souffle sur les têtes royales et impériales qui regagnent leurs royaumes dans la précipitation.

Mais bien vite on se rassure car chacun est certain que le peuple français va se rallier autour de son souverain et que "l'usurpateur" sera repoussé. Charles-

Maurice, plus réaliste, sent bien le danger qui menace ; et pour en quelque sorte conjurer le sort, il déclare à qui veut l'entendre : *En quittant son île, il s'est fait brigand et bandit, où qu'il aille !* De cette manière, il pense pouvoir discréditer Napoléon, dès le début de son aventure, et le rendre hors-la-loi, afin de l'isoler pour mieux le combattre. Nous sommes bien loin des déclarations de 1801, quand il disait à son maître d'alors : *Je ne suis pas complet, quand je suis loin de vous !*

L'évadé de l'île d'Elbe remonte la vallée du Rhône, et parvient dans la capitale du Dauphiné, où il déclare : "Jusqu'à Grenoble, j'étais aventurier, à Grenoble je suis prince." Ce qui paraît tout de même étonnant chez cet homme, c'est un tel aveuglement. Il est vrai que l'ambition démesurée qu'on lui connaît affecte probablement sa faculté de raisonnement. Lui qui a toujours su prévoir les événements, n'aura pas la lucidité ni la sagesse d'éviter à la France un nouveau et sanglant désastre.

On peut toutefois, dans cette affaire, s'étonner de l'étrange attitude de chacun des gouvernements concernés, et en particulier de celui de l'Angleterre. En effet, comment admettre que Napoléon ait pu quitter l'île d'Elbe en plein jour, à bord de l'Inconstant, avec 900 hommes, et tout l'équipement nécessaire à la reconquête armée du pouvoir.

On comprend difficilement que tous ces préparatifs militaires n'aient pas attiré l'attention de ses geôliers. Si l'on ajoute que la flotte anglaise croisait au large de l'île, on peut légitimement se poser la question de savoir si l'on n'a pas délibérément laissé partir Napoléon, pour mieux l'abattre ensuite ; et cette fois-ci, de manière définitive. Cette interrogation n'a jamais reçu de réponse formelle, mais un sérieux doute subsiste.

En remontant sur Paris, l'Empereur déchu fait étape à Autun, où il loge à l'hôtel de la Poste. Cinq jours plus tard il arrive aux Tuileries, que Louis XVIII et sa cour viennent de quitter précipitamment, pour fuir vers la Belgique. Et le miracle va se produire, du moins dans un premier temps. Les troupes envoyées pour arrêter Napoléon se rallient à lui, au cri de "Vive l'Empereur !" Ce dernier envoie un émissaire à Talleyrand pour lui demander de le rejoindre afin de reprendre la guerre. Très conscient de l'issue probable de cette aventure, Charles-Maurice repousse l'offre qu'on vient de lui faire. Sans doute avait-il déjà tellement trahi, qu'un revirement de plus ne l'eût pas rebuté, mais le spectre d'une nouvelle guerre, avec son cortège de malheurs, l'effrayait bien davantage.

Dans la précipitation mise à quitter les Tuileries, Louis XVIII a omis d'emporter certains documents très compromettants pour notre cher homme mais aussi pour la France. Au nombre de ces pièces importantes, il y a, notamment, le traité secret conclu entre la France, l'Angleterre et l'Autriche, contre la Russie et la Prusse, à un moment où ces deux dernières puissances n'acceptaient pas de renoncer à leur suprématie. Napoléon découvre le fameux document et s'empresse de le faire parvenir à Saint-Pétersbourg, espérant, ainsi, installer la discorde entre les alliés. On imagine aisément la colère du tsar à la lecture du traité. Mais, devant le péril des armées napoléoniennes qui s'avancent, les alliés décident raisonnablement de rester unis.

Louis XVIII, depuis son exil de Gand, réclame à cor et à cri notre ami, qui se hâte... lentement, *Bien décidé,* dit-il, *à ne pas me mêler de choses que je désapprouverais.* Sans doute pressent-il déjà que la fuite du roi est un signe peu encourageant pour la grandeur de la France et la suite des événements. De surcroît songe-t-il : *Il vaut mieux remettre au lendemain ce que l'on peut faire aujourd'hui, bien et facilement !* Cette remarque est un des fondements de sa pratique des affaires. Jamais il ne transgressera ce principe qui lui a si souvent réussi.

Louis XVIII lui reproche la lenteur qu'il met à venir le rejoindre en Belgique. Charles-Maurice se contente de rappeler cette réflexion qu'il a faite un jour : *Dans les affaires importantes, le reproche de lenteur contente tout le monde. Il donne à ceux qui le font un air de supériorité, et à celui qui le reçoit l'air de la prudence !* Présentement, la prudence est de mise car la situation des armées peut encore évoluer d'une manière imprévue, et l'on sait que Talleyrand, calculateur à l'excès, a horreur des imprévus.

Pourtant, la fin de cette folle équipée est proche. Les armées de Wellington et de Blücher ont fait leur jonction, et le 18 juin 1815 c'est Waterloo. Ainsi prend fin, dans le sang, le rêve complètement fou d'un homme emporté par une ambition démesurée, et qui n'a pas su mettre un terme à ses conquêtes, pour mieux asseoir la grandeur de son pays. Ses armées décimées, Napoléon se retrouve seul, et il est contraint d'abdiquer sans condition.

Louis XVIII, spectateur de ces événements, entreprend alors son retour vers la France, comme le dit si justement Talleyrand : *dans les fourgons de l'étranger.* Il entend, de cette manière, marquer très nettement sa réprobation, car bien entendu, les armées des vainqueurs viennent occuper à nouveau notre territoire, avec tout ce que cela comporte d'humiliations et de malheurs pour le peuple français.

L'attitude du roi ulcère Charles-Maurice qui lui conseille vivement, le mot est encore bien faible, de rentrer seul en France, dignement, sans le secours des puissances étrangères, prêtes à asservir et à dépouiller la France. Mais le frère de Louis XVI ne veut pas entendre raison, tandis que Talleyrand de son côté s'entête et refuse même de rejoindre le roi. Il est d'autant moins pressé qu'il sait que ce dernier s'apprête à lui confier l'ambassade de Suède. Ambassadeur dans ce pays si lointain, lui qui a tant fait pour la France au Congrès de Vienne ! Seule la place de Premier ministre peut-elle justement récompenser une action aussi méritante !

Talleyrand est humilié par un tel comportement, et l'on sait que pour cet homme à la fierté exacerbée, c'est l'affront le plus terrible qu'on puisse faire, celui qu'il ne pardonne pas. Replié sur lui-même, drapé dans sa dignité offensée, il va attendre des jours meilleurs. Mais le roi se moque bien des humeurs de M. le prince de Bénévent ! Pour l'instant, Louis XVIII s'apprête à quitter la Belgique pour regagner la France, puisque tel est son bon vouloir.

Il est trois heures du matin ; Charles-Maurice, averti au dernier moment du départ du roi, se précipite chez lui pour une dernière tentative. Il espère bien cette fois-ci convaincre le souverain d'attendre un peu, avant de rentrer à Paris, dans d'aussi peu glorieuses conditions. En effet, notre ami pense que ce serait une indignité que de venir retrouver le trône de France grâce aux armées ennemies, après qu'il l'ait aussi lâchement abandonné. D'ailleurs Chateaubriand, qu'on ne saurait soupçonner de complaisance à l'égard de Talleyrand, exprime la même opinion lorsqu'il constate : "La légitimité rentre donc dans Paris derrière ces uniformes rouges qui viennent de reteindre leur pourpre au sang des Français."

Lorsque Charles-Maurice arrive chez le souverain en exil, la berline qui l'emporte est déjà sortie du palais de Mons ; notre ami fait signe au postillon, le roi s'inquiète :

"Mais que se passe-t-il donc ?"

"C'est Monsieur de Talleyrand, Sire."

Une étrange scène se déroule alors en pleine nuit : Louis XVIII, impatient de partir, condescend à écouter son ministre, qui, agrippé à la fenêtre du carrosse, se plaint du sort qui lui est fait : *Sans doute aura-t-on mal informé Sa Majesté, je n'ai, dit-il, qu'un seul désir, celui d'éviter au roi et à la France l'humiliation d'un retour avec les armées étrangères.* Et il termine ses supplications en demandant au roi de renoncer à ce retour fait dans de telles conditions, faute de quoi, lui, Charles-Maurice de Talleyrand-Périgord, sera dans l'impossibilité de continuer à diriger les affaires de la France !

Le roi, que cette sémantique laisse de marbre, et de surcroît très agacé, lui répond simplement : "Prince, vous nous quittez ? Les eaux vous feront le plus grand bien ; pensez donc à nous donner de vos nouvelles !"

On imagine aisément la stupeur du "prince" ! Lui qui était venu se faire prier de bien vouloir reprendre sa place aux affaires, se voit ainsi rejeté en pleine disgrâce, une de plus ! Et les informations qu'il reçoit de Paris ne sont pas faites pour le réconforter. En effet, Wellington lui apprend que le peuple français accueille le roi avec joie, contrairement à ce qu'il avait prévu. A l'annonce de cette nouvelle surprenante, et pour éviter que le temps passé loin du pouvoir ne soit trop long... et puisque le roi le lui a demandé... il va donner de ses nouvelles ! Faisant fi de ses grandes théories sur la fierté et l'honneur, il ne tarde pas davantage à regagner Paris, à son tour.

CHAPITRE 27

TALLEYRAND ET LES MINISTRES DE LA POLICE

"Faute de richesse, une nation n'est que pauvre ; faute de patriotisme, c'est une pauvre nation !"

En fait les choses ne sont pas aussi simples qu'il y paraît. Ce que veut le peuple au fond, comme toujours, c'est la paix. Cependant, il faut également compter avec les armées qui restent malgré tout hostiles au retour du roi. C'est dans ce contexte troublé d'un pays complètement à la dérive, que Charles-Maurice tente de trouver le moyen de revenir en grâce.

La seule personne qui puisse lui permettre ce retour, c'est Fouché. Les deux hommes ont collaboré par le passé, et c'est lui l'homme fort actuellement dans la capitale. Notre ami commence donc à pousser le duc d'Otrante vers le pouvoir avant qu'il ne soit trop tard, et que lui-même ne tombe tout à fait dans l'oubli. D'ailleurs, dit-il, : *La vie se passe à dire : plus tard ! et à s'entendre dire : trop tard !* Aussi prend-il les devants...

Toutefois on ne peut oublier que Fouché, c'est le régicide, et que par conséquent il est honni et rejeté avec force par les Bourbons. Mais avec son habileté diabolique, Talleyrand réussit tout de même à l'imposer. Le roi signe la nomination de Fouché, péniblement, sa main tremblant, pendant que de grosses larmes coulent le long de ses joues, mais il signe tout de même !

Il est impossible, à la lumière de ces faits, d'ignorer l'extraordinaire force de persuasion de ce Périgord, bien dans la lignée de ses ancêtres. Il en sera ainsi toute sa vie ; et si souvent il n'apparaît pas dans les manuels d'histoire, son ombre est pourtant là, bien présente, tirant les fils et guidant les événements.

Rendu heureux par le succès dont ont été couronnés ses efforts, Charles-Maurice porte lui-même son portefeuille au nouveau ministre de la Police. Lorsque paraissant ensemble Chateaubriand les voit, son imagination est frappée par le spectacle de ces deux intrigants, marchant bras dessus, bras dessous. Il nous raconte ainsi la scène : "La porte s'ouvre, une vision infernale s'offre à mes yeux, M. de Talleyrand s'appuyant sur M. Fouché : le vice soutenu par le crime !"

Le roi a rejoint Paris après les Cent jours (en réalité cent onze). Il tente de reprendre en mains les affaires du pays, et transige avec ceux qui, hier encore, pendant son absence, ont montré quelques faiblesses envers l'Empereur. Cette attitude pleine de magnanimité met en colère les ultra-royalistes, que Charles-Maurice tente de calmer. *Voyons*, leur dit-il, *il n'est pas possible de ramener l'ancien régime !* Mais loin d'être apaisés l'un d'entre eux de lui faire remarquer de manière spirituelle et ironique à la fois : "Mais Monseigneur, qui peut bien songer à vous refaire évêque d'Autun !" Ce jour-là, et sans doute pour la première fois, M. de Talleyrand ne put rien répondre, car il venait d'être pris à son propre piège.

En effet, il était très rare qu'il ne se tirât pas à son avantage d'une joute oratoire, car aux jeux de l'esprit, il était sans conteste le maître. Cependant sous le Directoire déjà, il lui est arrivé une aventure dans laquelle il n'a pas eu non plus le beau rôle. La scène s'est déroulée lors d'un dîner politique, comme il y en avait de nombreux à cette époque. Quelqu'un évoque devant Talleyrand le renvoi du ministre de la Police, un certain Sottin. Ne résistant pas au plaisir d'amuser, Charles-Maurice lance quelques piques à l'endroit de ce ministre, que par ailleurs il ne connaît pas. A ce sujet, il faut rappeler que sous le Directoire, Talleyrand revenant tout juste de son exil américain, n'a pas la puissance qu'il a détenue par la suite. Par conséquent à cette époque, il ne fréquente pas les allées du pouvoir dans lesquelles on fait la connaissance des gens importants.

Le voici donc pérorant sur Sottin qu'il n'a jamais rencontré, et cela en des termes ironiques : *Qu'a-t-il fait ? Par quelle action est-il arrivé au ministère ? On me dit qu'il danse bien, c'est une triste qualité pour un ministre de la République ! Et puis quel nom ! De Sottin à sot, il y a bien peu de distance !* C'est alors qu'un convive, placé en face de lui se lève et lui lance : "Vous avez bien raison, Monsieur, parfois il n'y a, entre un sot et Sottin, que le travers d'une table !" Pour sa médisance, notre ami avait été mouché, il ne répondit rien, et il fit bien !

Si Talleyrand a eu la dent dure avec Sottin, il n'a guère été tendre non plus avec le préfet de police Delaveau. Effectivement, au début du règne de Charles X, une certaine pudibonderie s'est emparée des mœurs de la société, et l'on a même poussé l'excès jusqu'à rallonger les jupons des danseuses de l'Opéra ! Mais on a fait mieux encore : le préfet de police Delaveau, apprenant que de nombreux rendez-vous galants étaient fixés à heure dite, près de l'horloge de l'Opéra, donne l'ordre d'arrêter les aiguilles de la pendule, chaque soir de bal. Charles-Maurice, toujours à la recherche du bon mot qui amuse ou qui pique, lui fait remarquer malicieusement : *Monsieur le Préfet de police, c'est pousser un peu loin la manie des arrestations, que de faire arrêter les aiguilles de la pendule de l'Opéra !*

Mais, pour revenir à des choses moins plaisantes, il faut reconnaître que la situation de la France n'est pas très brillante. Les armées étrangères sont revenues sur le territoire français, et les Prussiens, en particulier, occupent la capitale. Ils campent dans le jardin des Tuileries, ce qui irrite profondément le peuple de Paris. Notre ami s'inquiéte du manque de réaction des Français, face à une situation aussi grave, et constate amèrement : *Faute de richesse, une nation n'est que pauvre ; faute de patriotisme, c'est une pauvre nation !*

Talleyrand reçoit la présidence du Conseil des ministres et le secrétariat aux Affaires étrangères, ce qui lui occasionne un emploi du temps extrêmement chargé. Cependant, il ne renonce nullement à ses amours, les grandes affaires attendront, voilà tout ! Il a d'ailleurs en réserve à ce propos une excuse pleine d'esprit : *Il faut traiter légèrement les grandes affaires, et sérieusement les affaires frivoles !*

Pour l'heure, c'est sa nièce Dorothée, la future duchesse de Dino, qui occupe tout son esprit. Il en est tombé follement amoureux à soixante ans passés, d'une passion dévorante qui le domine et l'obsède jusqu'à le rendre fou, dit-on. Pourtant les affaires du pays suffiraient, à elles seules, à occuper ses pensées et toute son énergie.

Ainsi la question de l'épuration reste à régler. Mais c'est à Fouché que l'on confie le soin de dresser la liste des traîtres. Charles-Maurice en profite pour lui décocher une flèche scélérate : *Il faut reconnaître à M. le duc d'Otrante qu'il n'a oublié aucun de ses amis sur cette liste... Il fait un sale métier mais il le fait salement !*

En fait les deux hommes, qui se connaissent bien et

qui conduisent leurs affaires un peu de la même manière, s'apprécient, selon les circonstances... Oh! bien sûr, souvent ils se sont lancés des injures à la face, et sont même allés jusqu'à se trahir mutuellement ! Pourtant on peut rappeler cette anecdote : au moment de la disgrâce de Fouché, à laquelle d'ailleurs Talleyrand n'était pas étranger, lorsqu'il a fallu choisir le nouveau ministre de la Police, notre ami n'a pu s'empêcher de s'exclamer : *Je ne vois qu'une seule personne capable de remplacer Fouché, c'est Monsieur le duc d'Otrante !*

CHAPITRE 28

LE TEMPS DE LA DISGRÂCE

"La politique est un étang où les brochets font courir les carpes !"

On a expédié Napoléon à Sainte-Hélène et Talleyrand, dans un dernier geste vengeur, a fait nommer le marquis de Montchenu en tant que commissaire français sur cette île. *C'est la seule vengeance,* aurait-il dit, *que je veuille tirer des procédés de Napoléon à mon égard ; du reste, elle est terrible !* Il est vrai que le marquis était d'une compagnie si embarrassante et si ennuyeuse que la vengeance était redoutable !

Par ailleurs, il reste à résoudre le problème du départ des armées étrangères du sol français. Ce n'est pas une mince affaire, car les puissances alliées ont lancé un ultimatum à la France, et réclament la Savoie, de nombreuses villes françaises du Nord et de l'Est, ainsi qu'une contribution de 800 millions de francs.

Talleyrand insiste avec force auprès de Louis XVIII. Surtout ne rien céder du territoire national : "De l'argent oui, des terres point !" Il faut bien remarquer qu'il s'agit en l'occurrence, de la part de notre personnage, d'une attitude pleine de sagesse, d'une véritable réaction d'homme d'Etat. Cependant, malgré la très forte pression qu'il exerce sur le roi, celui-ci tergiverse dangereusement. Lors d'une ultime entrevue entre les deux hommes, Charles-Maurice réitère ses conseils et menace de démissionner : *Quel que soit le dévouement à Votre Majesté, si elle ne garantit pas son appui formel contre ces prétentions, nous demanderons à Votre Majesté de choisir d'autres conseillers.*

"Eh bien !", lui rétorque le roi, "je prendrai un nouveau ministère !" C'est le second affront que Louis XVIII lui fait subir. Il en gardera une rancune qui ne s'effacera jamais tout à fait.

Pour Talleyrand, une longue période de disgrâce commence, mais pour autant sa carrière politique est loin d'être terminée. Nous sommes à l'automne 1815, et il va continuer à peser sur les événements, presque autant que s'il était au pouvoir. Et puis, il y a les compensations inhérentes à ce genre de situation ; son emploi du temps s'allégeant par la force des choses, il a tout le loisir de se consoler auprès de sa chère Dorothée qui désormais ne le quittera plus. Elle a 23 ans et lui 62, ils vivent à Valençay la plupart du temps, où ils reçoivent Mme de Courlande et la comtesse Vincent Tysziewicz née princesse Marie-Thérèse Poniatowska.

Cette dernière a aimé passionnément notre ami et l'a fait profiter de sa grande générosité. *Elle est borgne, mais peu importe,* dit-il : *L'autre œil brille pour quatre ! C'est une femme énergique et fort agréable. Ses cheveux sont blonds, sous un grand chapeau qu'elle garde même à table, sans doute pour dissimuler son infirmité. Tailleur d'amazone en lourd brocart lyonnais, moulant sa taille de guêpe, flexible comme un roseau. Un nez à la grecque, une petite bouche et des lèvres pareilles à deux cerises mûres.*

Les années ayant passé, elle a rejoint Charles-Maurice en 1809. Mais elle a perdu sa silhouette gracile que chacun lui enviait autrefois. Elle est alors âgée de 50 ans, et l'extravagance de ses toilettes ne fait qu'accentuer son déclin. Le prince de Clary remarque d'ailleurs avec irrévérence : "Une des choses les plus curieuses de ce bal, une chose qu'on se montrait, qui passait toute description, c'était Mme Tysziewicz, couverte de faux diamants d'une taille monstrueuse, ayant une énorme quantité de choses sur la tête et portant un vieil oripeau d'habit d'une tournure inouïe. J'en étais vraiment fâché pour elle."

Lorsqu'elle meurt en 1814, il verse de véritables larmes de chagrin, ce qui fait dire à son ami Montrond : "Nous n'avons pas cru aux larmes pour la princesse de Russie, mais nous croyons à celles-ci." La princesse est enterrée à Valençay, où l'a rejoint celui qu'elle a aimé avec tant de passion.

Le temps pour Charles-Maurice s'écoule plus lentement. Rendu impuissant par sa disgrâce, il lui reste le plaisir de lancer des mots d'esprit, qui sont autant d'attaques féroces à l'encontre des gouvernants, et il ne s'en prive pas ! Il critique la politique qu'ils mènent en les ridiculisant de son mieux : *La politique,* énonce-t-il, *est un étang où les brochets font courir les carpes !*

Notre ami profite des visites de courtoisie qu'il rend à ses voisins et ses amis pour distiller ses réflexions acides. Ainsi, lors d'une soirée où il est reçu, la maîtresse de maison s'inquiète s'il est suffisamment bien assis. Or le fauteuil dans lequel il a pris place n'est pas très confortable, et il lui faut sans cesse redresser le dos pour trouver une position à peu près satisfaisante. La réponse qu'il fait à son hôtesse est une pique à l'adresse du gouvernement qui ne manque pas de sel : *Ah! savez-vous Madame, votre fauteuil est comme le temps qui court, il fait hausser les épaules !*

S'il reçoit à Valençay, notamment les châtelains des environs, il se rend cependant quelquefois dans la capitale. Bien entendu sa présence est vivement espérée dans les salons parisiens. En effet, on connaît le sort qui lui a été réservé, et l'on attend, pour le plus grand plaisir de chacun, que M. de Talleyrand se laisse aller à lancer quelques remarques bien fielleuses, sur les dirigeants en place.

Au grand désespoir de ceux qui ont le privilège de l'approcher, il lui arrive, le plus souvent, de rester muet. Cette attitude étonne une personne présente un certain soir. Elle est très déçue de ne pouvoir se délecter du trait d'humour qu'elle attendait et ne peut s'empêcher de lui demander : "Prince, comment faites-vous pour rester toujours impassible ?" Et le prince de lui répondre : *Il faut se garder du premier mouvement, il est presque toujours honnête !* Ah ! M. de Talleyrand vous êtes si peu disert, qu'on vous soupçonne de préparer vos bons mots et de ne les distiller qu'à bon escient. Mais cela est sans doute pour vous un jeu plaisant auquel, d'ailleurs, nous devons bien le reconnaître, vous excellez.

Le château de Valençay est constamment surveillé par la police, ce qui agace notre ami au plus haut point. Eloigné du pouvoir, il cherche alors à se faire remarquer. Il ne trouve pas de meilleure idée que de provoquer un énorme scandale à l'ambassade d'Angleterre, en s'attaquant violemment à Decazes, ministre de la Police, en des termes que l'on est peu habitué à entendre de la part de cet homme généralement plus subtil dans ses diatribes. Dans son emportement, il s'exclame : *Un ministre de la Police n'est autre chose qu'un maquereau !*

Louis XVIII, aussitôt informé des frasques de son ancien ministre, lui fait signifier par le duc de La Châtre l'ordre de ne plus reparaître à la Cour. On menace à nouveau de lui retirer sa charge de grand Chambellan.

Talleyrand reçoit donc le billet lui transmettant la

volonté du roi, des mains du duc de La Châtre. Ce billet a dû faire sourire notre ami, s'il s'est souvenu du billet qu'avait reçu un jour le même duc de La Châtre. En effet, ce dernier étant tombé follement amoureux de Ninon de Lenclos lui fait promettre par écrit, qu'elle lui restera toujours fidèle. Rassuré par la promesse que renferme le billet de sa maîtresse, Louis-Edmond de La Châtre, l'esprit tranquille, s'en va rejoindre les armées du Grand Condé. Las ! la belle Ninon, oublieuse des serments faits sans doute un peu légèrement, tombe bien vite dans les bras du comte de Miossens.

Et lorsque emportée par le tourbillon de sa nouvelle passion pour le comte de Miossens, elle se souvient tout à coup du mot écrit au duc de La Châtre, elle éclate de rire en se moquant : "Ah ! le beau billet qu'a La Châtre !"

Ce dernier ayant appris son infortune renvoya le billet à l'infidèle avec ces simples mots : "Pour acquit, après banqueroute !" montrant ainsi, que malgré ses déboires amoureux, il savait rester un homme d'esprit.

Pressentant qu'il est allé trop loin, et craignant que des mesures de rétorsion ne viennent l'écarter encore un peu plus du pouvoir, Charles-Maurice écrit au roi pour lui dire que *Sa Majesté aura mal été informée, qu'elle n'a de meilleur serviteur que lui-même... Refrain connu, bis repetita... !*

De son côté Louis XVIII, ne voulant pas faire de Talleyrand le chef de l'opposition, lève bien vite la punition, et six mois plus tard lui permet de revenir aux Tuileries. Et c'est sans doute pour apaiser la rancœur du prince de Bénévent qu'il lui confère le titre de duc et pair.

On n'en continue pas moins de surveiller son courrier et ses visites, même lorsqu'il est en cure à Bourbon-l'Archambault. Mais il n'est pas dupe, et bien que cela le rende furieux, il se venge en décochant des flèches acérées. Ainsi écrit-il à l'une de ses amies, alors qu'il prend les eaux : *Cette année, nous avons très peu de buveurs d'eau, et il n'y a pas un rhumatisme de ma connaissance ! Mes lettres sont ouvertes, nous avons bien fait d'augmenter le budget de la poste, car cela donne le moyen de payer quelques employés de plus, pour décacheter un plus grand nombre de lettres, et faire qu'une lettre postée de Paris le 6 juin arrive à Bourbon le 19 !*

Ah! si M. de Talleyrand s'en revenait, sans doute serait-il bien surpris de constater que les choses n'ont pas tellement changé, et, comme le courrier n'est plus ouvert, l'excuse des retards en est d'autant moins justifiée !

Malgré les bontés et les largesses du roi à son égard, Charles-Maurice continue tout de même à s'amuser aux dépens du nouveau ministère. C'est le pauvre comte Ferrand qui en fait les frais. En effet, pour se rendre à la Chambre des Pairs, et parce qu'il est très handicapé, il doit être soutenu par deux laquais. Le voyant dans ce triste état, notre personnage s'exclame un peu cruellement, il faut bien l'avouer : *Voyez Ferrand, il est comme le gouvernement, il croit marcher alors qu'on le porte !*

A la fin de l'année 1817, le roi Ferdinand des Deux-Siciles, pour le remercier de son action au Congrès de Vienne, lui confère le titre de duc de Dino, nom d'une île minuscule au large de la Calabre. Talleyrand remet aussitôt son titre à sa douce égérie qui devient ainsi duchesse de Dino.

Voyant le temps passer, et l'espoir de revenir aux affaires s'amenuiser chaque jour davantage, Charles-Maurice se rapproche de la famille d'Orléans, afin de ne point être pris au dépourvu, si les choses devaient évoluer rapidement.

Après l'assassinat du duc de Berry, Decazes est chassé, mais c'est à Richelieu que l'on fait appel. A propos de Decazes que l'on vient de remercier, il convient de signaler que Talleyrand s'est opposé à sa nomination. La manière dont il s'y est pris mérite d'être citée, car elle illustre parfaitement tout l'esprit et la rouerie du personnage. "Mais qu'a-t-on à lui reprocher ?" questionne Louis XVIII à l'adresse de notre ami, qui répond au roi : *Il travaille beaucoup, il m'aime beaucoup. Ici on ne l'aime pas, on le trouve suffisant, oui Sire, suffisant... et insuffisant !*

A l'annonce de la nomination de Richelieu, on imagine sans peine la déception du cher homme qui espérait tant que le roi lui demanderait de reprendre ses fonctions. Après cette nouvelle déconvenue, il se plonge résolument dans l'opposition.

Richelieu sera remplacé à son tour par Villèle. Charles-Maurice, encore plein d'espoir, est venu à la Cour lorsqu'il a su que le souverain changeait à nouveau de ministre. Il est donc présent lors de la passation des pouvoirs et voit Villèle qui descend l'escalier, sortant de chez le roi, tout heureux de la promotion qu'il vient d'obtenir. Il croise alors le duc de Richelieu, montant le même escalier, pour y apprendre la nouvelle de son éviction. Et Talleyrand de s'exclamer malicieusement : *Voyez-vous, celui qui descend... monte, et celui qui monte... descend !*

Charles-Maurice disposant de grands moments de tranquillité, s'adonne à la lecture et découvre Lamartine et ses méditations poétiques. Agréablement surpris par la qualité de l'écriture, il déclare à propos du poète mâconnais : *Il y a là un homme !* Une fois de plus son instinct ne le trompe pas, et c'est lui qui poussera Lamartine vers la carrière politique.

Les années passent, et 1821 est une année endeuillée pour notre personnage. Le 5 juillet il apprend, alors qu'il joue aux cartes, la nouvelle de la mort de Napoléon à Sainte-Hélène. A cette annonce quelqu'un s'exclame : "Quel événement !" Talleyrand, sans cesser de jouer, hausse les épaules, et lance avec le flegme et le détachement qu'on lui connaît : *Il y a dix ans c'eut été un événement, aujourd'hui ce n'est plus qu'une nouvelle !* Lorsque l'on songe à tout ce que ces deux hommes ont vécu ensemble, à tout ce que Talleyrand doit à Napoléon, on ne peut s'empêcher de s'interroger sur la noirceur de l'âme de M. le prince de Bénévent et la profondeur de son ingratitude !

Puis c'est Mme de Courlande, "la douceur de sa vie", comme il aimait à l'appeler, qui meurt. Peu après son oncle, le cardinal Talleyrand de Périgord, archevêque de Paris décède. Ce dernier a tenté, jusqu'à son dernier jour, de ramener son neveu à la religion... en vain !

Enfin, quelques jours avant Noël, voici que Mme de Rémusat et son esprit si vif et si charmant, disparaissent. Il en a une peine extrême car il avait pour elle une affection toute particulière. C'est elle qui le connaissant bien, s'est pourtant écriée avec beaucoup d'indulgence : "Mon Dieu quel dommage que vous vous soyez gâté à plaisir! car enfin, il me semble que vous valez mieux que vous."

Trois années s'écoulent encore, et Talleyrand n'est toujours pas revenu aux affaires. Son caractère s'aigrit quelque peu, et il se venge en persiflant la Cour : *On connaît dans les grandes Cours un autre moyen de se grandir, c'est de se courber ; les petits princes ne savent que se jeter à terre !*

CHAPITRE 29

CHARLES X

"... à une époque extraordinaire, c'est un homme de perdition !"

Il n'est plus que le grand Chambellan du roi. C'est à ce titre qu'il passe de longs moments au chevet de Sa Majesté qui agonise, les jambes rongées par la gangrène. Louis XVIII décède le 16 septembre 1824, et une rude tâche attend notre ami, car bien entendu c'est au grand Chambellan qu'incombe le soin de l'organisation du sacre de Charles X. C'est pour Talleyrand le troisième sacre auquel il s'apprête à assister.

Mais qui est donc exactement Charles X ? Ecoutons ce que nous dit à son sujet le vicomte François-René de Chateaubriand : "Il a l'esprit étroit, ce n'est sans doute pas un méchant homme. Aux époques ordinaires il eut été un roi convenable, à une époque extraordinaire, c'est un homme de perdition !"

Très vite le nouveau roi, trop absolutiste et trop hésitant, est dépassé par le cours des événements. Les Ultras, revenus en force, exercent sur lui une grande influence. Examinant attentivement l'évolution de la situation, Charles-Maurice se rend très vite compte de la faiblesse de Charles X. Aussi, et comme à son habitude, il va anticiper sur le déroulement de l'histoire. Pour cela il renoue ses relations avec Thiers dont il avait fait la connaissance sept ans auparavant, et à propos duquel il disait alors : *Ce gamin-là a le feu sacré !* Aujourd'hui Thiers est devenu l'homme qui monte, et cela Talleyrand l'a bien pressenti. C'est pourquoi il le soutient et prend sa défense lorsque son protégé est victime d'attaques personnelles. Ainsi à quelqu'un qui, bien imprudemment, déclare devant lui : "Ce petit Thiers n'est qu'un parvenu !", Charles-Maurice réplique avec esprit : *Non monsieur, Thiers n'est pas parvenu, il est arrivé !*

A eux deux ils préparent un avenir qu'il est assez facile de prévoir. En effet le roi signe les ordonnances supprimant la liberté de la presse et renvoyant la Chambre. A cette occasion, Charles-Maurice fait montre d'une attitude très digne, à laquelle il ne nous a guère habitués jusqu'alors, lorsqu'il déclare publiquement : *Il n'est pas facile de nos jours de tromper longtemps. Il y a quelqu'un qui a plus d'esprit que Voltaire et Napoléon, que chacun des ministres passés, présents et à venir, c'est tout le monde ! Quand la presse est asservie, les mécontentements exigent bientôt de la part du gouvernement, ou trop de faiblesse, ou trop de répression.*

Pour notre ami *tout le monde* c'est l'opinion publique, dont il donne cette définition : *L'opinion, qui est un contrôle utile, est un guide dangereux pour les gouvernements.*

Talleyrand, après sa brouille avec le comte d'Artois, se retrouve très esseulé. C'est en spectateur que de 1825 à 1829, il regarde le roi influencé par Polignac et les Ultras gouverner la France. Et c'est un œil sévère et ironique à la fois qu'il pose sur Charles X. Ainsi écrit-il à son voisin Royer-Collard : *Que dites-vous des chasses du roi ? Dans une seule matinée, il a tiré 1793 pièces de gibier, ce qu'aucun roi de France n'avait fait encore ! Quels progrès dans la civilisation !*

Par ses décisions, Charles X vient de signer l'arrêt de mort de la monarchie. Cette radicalisation, si elle est le fruit de la pression des Ultras, n'est guère étrangère non plus à l'obstination du roi et à sa peur de revivre des situations encore bien présentes dans les mémoires de toute la famille royale. "Je ne veux pas monter en charrette, un roi, que son peuple menace, n'a de choix qu'entre le trône et l'échafaud" se plaint-il.

Sire, lui fait remarquer Talleyrand, *Votre Majesté oublie la chaise de poste !,* allusion perfide à la fuite de Louis XVI arrêté à Varennes.

Le nouveau roi, poursuivant ses errements, continue à s'appuyer sur les Ultras, qui pourtant le desservent. Notre ami, plus lucide, tente bien de le raisonner : *Sire, songez qu'aujourd'hui toute mesure qui n'est pas nécessaire est imprudente.* Aveuglé par l'exercice d'un pouvoir qu'il maîtrise mal, Charles X fait cette réponse : "Oui, mais les Ultras prétendent sauver une fois de plus la France !"

Devant tant d'inconscience, Charles-Maurice ne peut s'empêcher de lui rétorquer : *Sire, je n'ai jamais cru que le Capitole avait été sauvé par les oies ! ...*

CHAPITRE 30

LOUIS-PHILIPPE

"Les hommes sont comme les statues, il faut les voir en place !"

Pour Charles-Maurice le moment décisif approche, les affaires reprennent ! La longue et humiliante mise à l'écart s'achève. Il ne sait peut-être pas jusqu'où il ira, mais comme il aime à le répéter : *On ne va jamais aussi loin que lorsque l'on ne sait pas où l'on va !*

Les ordonnances scélérates mettent en émoi le peuple de Paris. Ces ordonnances surprennent tellement notre personnage qu'il ne peut s'empêcher d'ironiser : *C'est si bête que cela ne peut être français !* Bientôt des troubles surviennent dans la capitale, le régime légal est suspendu, et l'émeute devient révolution. Le peuple est sur les barricades : ce sont les Trois Glorieuses et la Révolution de Juillet.

Charles X doit abdiquer le 2 août, laissant ainsi la place libre à Louis-Philippe, duc d'Orléans, auquel Charles-Maurice envoie un messager lui demandant de regagner Paris au plus vite. Notre ami a une crainte qu'il formule ainsi : *Quand le peuple est roi, la populace est reine"*. Ce sont ses vieux sentiments aristocratiques qui lui reviennent, démontrant, s'il en était encore besoin, qu'il ne s'est jamais fait aux idées de la Révolution, et qu'il restera toujours plus proche de celles de la noblesse.

Il n'est donc pas surprenant de l'entendre dire : *L'élégance et la simplicité réunies sont, pour toute chose et toute personne, le caractère distinctif de la noblesse.*

Noble il est né, noble il mourra. Même si la maxime à l'emporte-pièce qu'il a lancée à l'adresse du peuple a une connotation un peu péjorative, il faut bien reconnaître que le pouvoir est dangereusement vacant et que la France est comme un navire sans capitaine au milieu de la tempête.

A l'Hôtel de Ville de Paris, La Fayette présente à Louis-Philippe le drapeau tricolore que le nouveau roi embrasse au milieu des acclamations de la foule. Peu après, ce dernier prête serment à la Charte, en signant : Louis-Philippe, Premier roi des Français, et non pas "roi de France et de Navarre", comme l'ont fait ses prédécesseurs.

Charles-Maurice pense que son pays a enfin trouvé un souverain acceptable. Mais, prudent, il attend pour porter un jugement définitif, que le successeur de Charles X ait fait ses preuves : *Les hommes sont comme les statues, il faut les voir en place !* a-t-il lancé un jour. A son tour, il prête serment de fidélité au nouveau roi. Victor Hugo prétend qu'il ajouta : *Sire, c'est mon treizième serment !* et Louis-Philippe de s'étonner : "Mais comment faites-vous donc, prince? Les régimes passent sans vous ébranler !" La réponse de notre parjure est la même que celle qu'il fit à Louis XVIII, il y a bien longtemps de cela : *Je prie Votre Majesté de croire que je n'y suis pour rien. Mais j'ai en moi quelque chose d'inexplicable qui porte malheur aux gouvernements qui me négligent !* Fort heureusement Louis-Philippe saura se montrer reconnaissant envers celui qui vient de contribuer si activement à son avènement.

Pour avoir fait des serments d'allégeance à la monarchie et la Révolution, pour avoir juré de servir fidèlement des hommes aussi différents que Napoléon et Charles X on imagine aisément que Talleyrand a dû faire subir quelques contorsions à sa conscience, et prendre bien des accommodements avec les règles les plus élémentaires de l'honnêteté et de la droiture. Mais il a l'échine si souple, et la voix de sa conscience est si faible, que cela ne l'empêche guère de dormir !

En matière de serment notre ami a une grande expérience, c'est un expert ! De plus ses fonctions de grand Chambellan l'ont souvent amené à recevoir les serments de fidélité au roi ou à l'empereur, de la part de personnes qui ont bénéficié de fonctions particulières. C'est ainsi qu'un jour il accueille une dame à qui le roi vient de conférer une charge à la Cour. Or notre incorrigible séducteur s'aperçoit, malicieusement, que cette personne est vêtue de manière très légère et si aguichante qu'il ne peut s'empêcher de lancer à son adresse : *Ah! çà Madame, voilà une jupe bien courte pour un serment de fidélité !*

Voici donc notre cher homme revenu aux affaires, ce qui fait dire fort à propos à Mme de Staël : "En vérité le bon Maurice ressemble à ces petits bonshommes que l'on donne aux enfants, dont la tête est en liège et les jambes en plomb. On a beau les jeter, les renverser, ils se retrouvent toujours sur leurs pieds !"

CHAPITRE 31

LA DOUCE REVANCHE

"N'ayons pas la maladroite imprudence de demander au présent ce que l'avenir nous apportera sans effort !"

Dès le début de son règne, Louis-Philippe a de fréquents entretiens avec Talleyrand. Le nouveau roi ressent bien qu'il est primordial de resserrer les liens avec l'Angleterre, et notre ami l'y encourage vivement. Les deux hommes sont parfaitement d'accord sur ce point et l'on sait que, chez Talleyrand, la recherche de la paix avec l'Angleterre a été depuis fort longtemps une réelle préoccupation. Mais l'Europe tarde à reconnaître ce roi porté au pouvoir après ce qu'il convient tout de même d'appeler la Révolution de Juillet. Aussi Louis-Philippe décide-t-il Charles-Maurice à prendre la tête de l'ambassade de France à Londres.

Cependant notre récipiendaire a 76 ans, il est de surcroît fatigué, usé, mais il se souvient de quelle manière il a été expulsé du royaume d'Angleterre, il y a trente-six ans de cela. Quelle revanche pour celui qui était alors montré du doigt par les Anglais, et à qui l'on tournait le dos pour les trahisons et les reniements qu'il avait commis ! C'est pourquoi, en dépit de son état de santé, il accepte, non sans un certain plaisir, la mission que lui confie le roi.

Cette décision a un effet immédiat, le tsar de Russie

Nicolas 1er apprenant cette nomination, reconnaît aussitôt Louis-Philippe, et les autres puissances du reste de l'Europe en font autant, peu après. Dès lors, et avec constance il prendra toujours la défense du nouveau roi, lorsque celui-ci sera l'objet d'attaques ou d'impertinences. Si la Russie a reconnu le nouveau régime, la princesse de Lieven, femme du représentant du tsar à Londres, est encore très vindicative contre la monarchie de Juillet. Au roi d'Angleterre qui lui demande quelle confiance on peut bien accorder à Talleyrand elle répondra sans détour : "Je crois qu'un homme qui a passé soixante-quinze ans dans l'intrigue n'oublie pas le métier la soixante-seizième !" Peu impressionnée par l'aura de notre personnage, elle n'hésite pas à déclarer en sa présence : "On aura beau dire et beau faire, ce qui vient de se passer en France est une flagrante usurpation !" Mais le prince, avec l'esprit de répartie qu'on lui sait, lui renvoie le compliment : *Vous avez raison, Madame ; seulement ce qui est à regretter, c'est qu'elle n'ait pas eu lieu seize ans plus tôt, comme le désirait et le voulait l'empereur Alexandre, votre maître !* Et l'on ne reparla plus de l'usurpation !

Charles-Maurice ne part pas seul pour Londres, Dorothée, sa chère nièce l'accompagne... Il a besoin de sa ravissante égérie, de laquelle il est très épris. Cette nièce qu'il a connue alors qu'elle était encore très jeune, et dont il disait alors : *Chez elle la place pour une jolie gorge est très bien préparée, mais elle n'est pas encore arrivée !*

Dorothée, princesse de Courlande, comtesse Edmond de Périgord, duchesse de Dino, est née en 1793, elle a donc près de 40 ans de moins que son oncle ! Elle sera le dernier amour de Talleyrand, et, comme le dit si joliment José-Luis de Villalonga : "En amour, comme en matière de testament, le dernier est le seul valable car il annule tous les autres !"

C'est sans doute à la fin du Congrès de Vienne qu'il commence à regarder sa nièce avec des yeux qui ne sont pas ceux d'un vieil oncle ! Et lorsqu'elle se précipite pour rejoindre son amant le comte de Clam, il en éprouve un immense désespoir. Charles de Rémusat et le chancelier Pasquier racontent : "Quand il put croire que la personne dont la présence lui était si précieuse l'avait quitté pour se fixer à Vienne, il tomba dans un abattement impossible à décrire, au moral comme au physique."

La duchesse de Dino, qui fut en son temps dame de l'Impératrice, a toujours fait preuve à l'égard des membres de la famille de son mari du souci de les défendre, quand bien même ils furent souvent indéfendables. Déjà en 1812, lorsqu'elle est présentée à l'Empereur, celui-ci s'est montré extrêmement offensant à son égard. Il connaît la vie agitée de son mari, le comte de Périgord, neveu de Talleyrand, et l'humilie en lui jetant au visage les frasques de son époux, qu'on lui a rapportées. Napoléon lui assène le coup de grâce en ajoutant : "Du reste, ces pauvres Périgord me sont, vous le savez, depuis longtemps indifférents !"

Mais la jeune Dorothée ne laisse pas passer l'affront et réplique vivement : "Sire, mon mari et mon oncle ont toujours servi Votre Majesté avec zèle et il ne tient qu'à elle de les utiliser. En tout cas, leurs services méritaient au moins que Votre Majesté ne se moquât pas d'eux."

En septembre 1816 elle donne naissance à une petite fille. Charles-Maurice est tout heureux de l'accueillir et l'installe avec lui rue Saint-Florentin. Les années passant, il semble bien que les sens exigeants de la jeune femme ne peuvent être apaisés par notre ami. Elle va mettre au monde la petite Pauline, et même si, au cours de l'année

1820, pour les raisons que l'on vient d'évoquer, elle s'est rapprochée de son mari Edmond de Périgord, il est avéré que le vieux suborneur est bien le père de cet enfant. Les révélations du chanoine Ferdinand Renaud sont sans équivoque sur ce sujet. Il prétend en effet que Mgr Chapon, évêque de Nice, et ami intime de l'abbé Dupanloup, lui a répété à maintes reprises : "Pauline est la fille de Talleyrand. Mgr Dupanloup en était sûr."

D'ailleurs Charles-Maurice s'occupe de la petite Pauline avec beaucoup d'affection et de sollicitude. Plus tard, dans son testament, il l'avantagera de manière si ostensible que tout laisse à supposer qu'elle est bien sa fille naturelle. C'est dans ce même testament qu'on y retrouve ces quelques lignes : *Je prie Madame de Dino de recevoir ici mes plus tendres remerciements pour le bonheur dont elle m'a fait jouir et que je reconnais lui devoir depuis vingt-cinq ans ; je lui fais mes plus tendres adieux.*

De son côté sa chère Dorothée demandera par testament : "Que mon cœur soit enlevé à ma dépouille mortelle et qu'il soit déposé à Valençay auprès de la tombe que vous vous êtes choisie." Hélas! son vœu ne sera pas exaucé, et c'est ainsi qu'elle repose à Sagan.

Ayant accepté l'offre du roi, Talleyrand réside à Hanover Square, dans la capitale anglaise où il représente la France avec faste. "Partout où il va, il se crée une Cour et il fait la loi !" constate Prosper Mérimée. Et comme à son habitude, le Prince reçoit beaucoup, mène grand train, joue à la Bourse et gagne le plus souvent. Sa table est la plus somptueuse de la capitale. Cela coûte énormément d'argent, mais "Talleyrand est de ceux qui estiment qu'un bon cuisinier est un auxiliaire peut-être plus précieux qu'un bon chef de cabinet." Le comte Molé, qui se voit voler son rôle de ministre des Affaires étrangères, se plaint auprès de Louis-Philippe, mais ce dernier garde toute sa confiance à Talleyrand que l'on reçoit partout à Londres, avec toujours de grands égards.

Le nouveau roi le charge d'une mission d'importance en lui demandant de tenter de résoudre l'épineuse question belge. En effet la future Belgique, il faut le rappeler, fait partie du royaume des Pays-Bas depuis le Congrès de Vienne. Les Belges réclament leur liberté de langue, de culte et d'enseignement. C'est bientôt la révolution et la proclamation d'un nouvel Etat belge. Il reste cependant à l'imposer aux autres gouvernements de l'Europe. Hélas! plusieurs pays manifestent l'intention de s'ingérer dans ce conflit : la Prusse veut se porter au secours de la Hollande, alors que l'Autriche est sur le point d'intervenir à son tour. Bientôt l'Europe voit avec effroi se profiler le spectre d'une nouvelle guerre.

Charles-Maurice, en grand diplomate qu'il est, et comme au Congrès de Vienne, agit tant et si bien qu'il parvient à faire établir le traité de paix de Londres. Ce traité reconnaît en la Belgique un Etat à part entière, auquel, toutefois on demande de respecter une stricte neutralité. C'est de la part de notre ami un succès considérable qu'il doit en grande partie à son talent de négociateur, mais aussi à la faculté prodigieuse qu'il a de rapprocher des points de vue apparemment inconciliables grâce à la magie du verbe. Le discours qu'il a su tenir à chacun a été la clef de sa réussite : *Bien causer consiste à dire ce qu'il faut, ne dire que ce qu'il faut, et le dire comme il faut !* conclut-il. Sans doute à l'occasion du règlement de cette affaire s'est-il quelque peu enrichi, ce qui fait dire à un insolent de l'époque : "Pour cet ancien évêque, les vases les plus sacrés sont les pots-de-vin !"

Ces longues et fructueuses discussions ont rendu solide l'amitié franco-anglaise, et préparé les futures négociations entre les deux pays. Il reste encore beaucoup à faire pour parvenir à l'Entente cordiale, mais Talleyrand a montré la voie à suivre et il est convaincu que le travail en profondeur ainsi accompli portera ses fruits. Notre cher homme sait très bien qu'il faut donner le temps au temps, et que chaque chose arrive à son heure. *N'ayons pas la maladroite imprudence de demander au présent ce que l'avenir nous apportera sans effort* a-t-il déclaré il y a longtemps. Cette réflexion, pleine de bon sens, prend toute sa signification aujourd'hui. Pourtant, à Londres et à Paris, d'aucuns tentent de faire échouer la mission de rapprochement et de pacification qu'il a entreprise. Heureusement il trouve en Wellington un allié précieux. C'est le vainqueur de Waterloo qui lui a écrit cette phrase remplie d'espérance : "A nous deux nous maintiendrons la paix, contre les anarchistes de France et les perturbateurs de l'étranger."

Pour construire l'Entente cordiale, Charles-Maurice doit combattre le principe caduc de la Sainte-Alliance. Il fustige certains gouvernements de droit divin, en déclarant à leur propos : *Ils soutiennent leur droit avec des canons, l'Angleterre et nous, nous soutiendrons l'opinion publique avec des principes. Les principes se propagent partout, sans limite, les canons n'ont qu'une portée dont la mesure est connue !*

En France, on n'apprécie pas à sa juste valeur le travail qu'il a entrepris. Seul Balzac a un mot de reconnaissance envers notre ambassadeur à Londres, pour l'œuvre accomplie en faveur de la paix et du rapprochement des deux pays, si longtemps ennemis. En effet il fera dire à Vautrin, l'un des personnages du Père Goriot : "Le prince a évité à la France le démembrement, on lui doit des couronnes, on lui jette de la boue !"

Sa mission terminée, il peut quitter Londres. Avant son départ, il a un long entretien avec Prosper Mérimée et l'auteur de "Colomba" et de "Carmen" s'enquiert auprès de notre ami : "Pensez-vous prince que la Révolution ait produit de bons ou de mauvais effets sur la nation française ?" Après un temps de réflexion Talleyrand lui répond : *Avant la Révolution on avait de la débauche, mais on avait de la grâce ; on était coquin, mais on avait de l'esprit. Aujourd'hui on est débauché et coquin platement !*

Le "vieux Talley", comme l'appelle lord Palmerston, n'est guère récompensé par l'opinion publique, pour ce coup de maître qu'il vient de réaliser. Ah! bien sûr, lors du règlement de la question belge, sans doute a-t-il perçu quelques pots-de-vin. En regard de cela, à lui seul, il vient d'éviter une guerre dont on ne peut mesurer l'ampleur, mais dont on devine par contre très bien les effets catastrophiques qu'elle aurait entraînés. Pour tout remerciement la presse se déchaine contre lui, des pamphlets circulent. On fait même des vers pour stigmatiser la corruption de M. de Talleyrand tels ceux-ci :

"Judas impénitent, le front oint du Saint-Chrême
Il ouvrit sa carrière, en trahissant Dieu même."

Pour toute réponse, notre ami se contente de lâcher ce petit chef-d'œuvre de concision et de mépris : *Que voulez-vous, la corruption engendre les vers !*

Peu lui importe d'où viennent les coups ; il sait bien au fond de lui-même que pour une fois il a eu une conduite digne et responsable. C'est ce qu'il écrira sur la fin de sa vie, lorsqu'il évoquera cette période : *A Londres, j'ai fait un peu de bien, c'est mon meilleur ouvrage*

J'ai fait plus que mon temps, avait-il dit en 1832. Aussi quitte-t-il l'Angleterre à la fin du mois d'août 1834, avec, au cœur, la satisfaction du devoir accompli, c'est en tout cas ce qu'il nous confie : *Depuis vingt mois je ne vis que pour arriver où je suis parvenu. Il faut que je pense à mes jambes, à mes yeux et que j'aille regarder mes affaires.*

Lord Palmerston, pourtant très hostile à la France pendant de longues années, a fini par se laisser séduire par le vieil homme. Le mot qu'il adresse à notre personnage est pour ce dernier un bien doux réconfort : "Soignez bien votre santé, remettez-vous vite de vos longues fatigues, mais surtout revenez..."

CHAPITRE 32

RETOUR À VALENÇAY

"Mon équilibre est tout aussi difficile à tenir que celui de l'Europe"

Il regagne Valençay, mais il n'a pas encore vraiment pris la décision de se retirer. C'est Dorothée, duchesse de Dino, qui le décide à quitter le théâtre des affaires : "Vous venez de rendre un immense service à votre pays, que cela vous suffise. Déclarez-vous vieux avant qu'on ne vous trouve vieilli, dites simplement, noblement : l'heure a sonné." Cette fois encore Charles-Maurice écoute les paroles empreintes de bon sens de sa nièce, et il envoie sa démission au roi, le 13 novembre 1834.

Louis-Philippe insiste pour qu'il revienne sur sa décision ; la lettre qu'il lui adresse est pleine de caresses, de supplications et de regrets. Flatté, et si doucement sollicité, notre ami se laisserait bien fléchir... Dans la réponse spirituelle qu'il fait au roi, nous percevons cependant toutes ses hésitations : *Le roi oublie trop souvent dans son indulgente bonté mon grand âge. Il oublie aussi qu'il n'est pas permis à un octogénaire de manquer de prudence, car ce qui rend les fautes de la vieillesse si tristes c'est qu'elles sont irréparables !*

Mais Dorothée veille ; la santé de son mentor est devenue trop fragile. Elle l'empêche ainsi de commettre la faute irréparable, d'autant plus irréparable que ce serait la dernière... Si affectueusement guidé, il finit par confirmer au roi son désir de se retirer des affaires publiques.

Il lui reste quatre années à vivre, qu'il consacrera à dresser le bilan de sa vie. Il en a tout le loisir maintenant. En effet, il a laissé sa fonction de maire depuis 1831, pour ne garder que celle de conseiller général de l'Indre, et celle de conseiller municipal de son village.

Comme bien des personnes qui ont eu une vie chaotique et qui pensent avoir beaucoup de choses à se faire pardonner, Charles-Maurice "fait le bien" autour de lui. Il fonde une maison de charité, située de nos jours rue Talleyrand, une école pour les jeunes filles, ainsi qu'un hospice.

Il passe de longs moments dans le parc du château de Valençay en compagnie de son chien Carlos, à qui il a donné ce nom, par vengeance envers le duc de San Carlos, dont on sait qu'il fut l'amant de la peu fidèle Mme de Talleyrand ! Il se promène dans ce fauteuil roulant que lui a donné Louis-Philippe, et qui autrefois avait servi à Louis XVIII.

Pour agrémenter ce parc pourtant déjà très accueillant, il manifeste le désir de planter quelques pins d'Ecosse ; souhait bien anodin de la part d'un vieillard parvenu au soir de sa vie. Cependant, à cette époque, pour réaliser des plantations, il est nécessaire d'en solliciter l'autorisation auprès du préfet. Notre ami demande donc cette permission, mais Monsieur le préfet la lui refuse, arguant que les textes l'interdisent et qu'il est "très à cheval sur les textes" ! On imagine aisément la colère de M. le prince de Bénévent, ex-ministre de Napoléon et de Louis XVIII à qui l'on ose refuser l'autorisation de planter quelques arbres ! La réponse qu'il fait au préfet est pleine d'un humour cinglant : *Ah! Monsieur, vous êtes à cheval sur les textes ? Eh! bien vous montez une fière rosse !*

De loin il assiste aux événements de la vie politique, mais pour autant il ne renonce pas au plaisir de faire un mot d'esprit quand l'occasion se présente. Et quand bien même elle ne se présenterait pas, nous pouvons être assurés qu'il la provoquera lui-même, car nous savons à quel point il possède le génie de placer une pique au moment opportun. Ainsi le pauvre Rulhière a la malencontreuse idée de lui déclarer : "De ma vie je n'ai fait qu'une seule méchanceté !" et Talleyrand de répondre malicieusement : *Ah! bien, une seule méchanceté ? ...oui mais quand finira-t-elle !* De même à propos du gouvernement, dont on sait qu'il a toujours été pour lui une cible de prédilection et cela de tout temps, l'incorrigible persifleur énonce cette maxime : *Un ministère que l'on soutient est un ministère qui tombe.*

Comme tous les hommes au passé chargé et à la vie bien remplie, il aime rappeler certains souvenirs anciens. De l'époque du retour des émigrés en France, avec Louis XVIII, notre ami se plait à raconter cette plaisanterie à propos des émigrés et des Jésuites dont on sait qu'il ne les portait guère dans son cœur. Rencontrant un jour Cuvier, célèbre naturaliste, il lui pose cette question en forme de devinette : *Savez-vous, mon cher, quels sont les animaux les plus reconnaissants ?* Son interlocuteur lui avouant son ignorance, Charles-Maurice s'empresse de lui apporter la réponse : *Eh bien! ce sont les dindons : les Jésuites nous les ont amenés en France autrefois, aujourd'hui ce sont les dindons qui y ramènent les Jésuites !*

Le château de Valençay ne désemplit pas. La duchesse de Dino y vit en compagnie de Charles-Maurice et de leur enfant, la petite Pauline, que le vieil homme appelle affectueusement "Minette." Ils reçoivent avec délicatesse leurs nombreux invités qui ne sont, hélas! pas tous reconnaissants des bienfaits de leurs hôtes.

C'est ainsi que George Sand et Alfred de Musset, en visite à Valençay, sont accueillis à leur table, avec beaucoup de gentillesse. L'auteur de "La Mare au Diable" remerciera Charles-Maurice de bien curieuse manière, en dressant de lui dans "La Revue des Deux Mondes" un portrait au vitriol dont voici quelques extraits : "Ne sais-tu pas que l'homme qui demeure là joue depuis soixante ans les peuples et les couronnes sur l'échiquier de l'univers? Cette lèvre convexe et serrée comme celle d'un chat, comme celle d'un satyre, mélange de dissimulation et de lascivité... Le nez arrogant, le regard de reptile... Un homme né pour les grands vices et les petites actions... Jamais ce cœur n'a senti la chaleur d'une généreuse émotion... Quelles guerres sanglantes, quelles calamités publiques, quelles scandaleuses exactions a-t-il empêchées ?... Laissez-moi maudire cet ennemi du genre humain. Tu mourras lentement et à regret dans ton nid, vieux vautour chauve et repu !"

En vérité on ne saurait être plus aimable ! Pourtant George Sand est toute surprise d'apprendre que M. de Talleyrand a été fâché par sa "boutade", car c'est ainsi qu'elle appelle l'article incendiaire qu'elle vient de faire paraître. Les gens de lettres manifestant peu d'aménité à son égard, il leur décoche en retour quelques flèches acérées. Ainsi dans un salon, lors d'une soirée, quelqu'un oublie un instant la féroce animosité que le prince nourrit à l'égard de Chateaubriand, et se lance dans l'apologie de l'auteur et de son livre, "les Martyrs". Lorsque l'imprudent admirateur parle d'Eudore et de Cymodocée, et qu'il raconte la scène poignante où ces deux êtres sont "dévorés par les bêtes", Talleyrand ironique et acide, lance à l'admirateur de Chateaubriand : *C'est comme le livre !*

Heureusement ses invités ne sont pas tous aussi acrimonieux. Honoré de Balzac, reçu à Valencay, en repartira complètement ébloui. Lorsque l'on sait la parcimonie avec laquelle notre ami dispense ses mots d'esprit, la réflexion de l'auteur de la "Comédie humaine" prend toute sa signification : "M. de Talleyrand est étonnant. Il a eu deux ou trois jets d'idées prodigieuses."

Charles-Maurice s'affaiblit chaque jour davantage, *Mon équilibre est tout aussi difficile à tenir que celui de l'Europe* se plaint-il. Il assiste tout de même chaque matin à la messe, se rapprochant ainsi de l'Eglise, qu'il a si longtemps délaissée. La nouvelle de la fin prochaine de son épouse, la princesse de Talleyrand, ne semble pas beaucoup l'émouvoir. En effet il rédige les lettres de faire-part dans la plus grande sérénité, et Mme de Dino le surprend même à fredonner joyeusement en accomplissant cette tâche ! On ne saura jamais si c'est la perspective de son prochain veuvage qui le rend d'aussi charmante humeur ! Mais il faut dire qu'il y a si longtemps qu'ils se sont séparés, que l'état de santé de la princesse ne le préoccupe guère. De plus celle que l'on enviait autrefois pour sa beauté, a pris un tel embonpoint que plus personne n'oserait s'aventurer à l'appeler encore "la belle Indienne", de peur de se couvrir de ridicule !

Il sent, cependant, que l'heure de sa propre mort approche. Il consacre de longs moments à la rédaction de ses Mémoires : une sorte de testament, dans lequel il se penche sur sa vie politique, et dont il dit lui-même qu'il ne sait pas très bien quel titre exact il convient de lui donner. *Peut-être,* déclare-t-il en avant-propos, *que le titre de : "Mon opinion sur les affaires de mon temps" serait une désignation qui aurait quelque vérité, mais qui aurait aussi quelque chose de trop décidé pour être à la tête de l'ouvrage d'un homme qui a, autant que moi, douté de sa vie. Un titre philosophique serait incomplet ou exagéré.* Il termine son préambule par cette phrase pleine de sous-entendus, mais lourds de signification : *Je commence donc sans titre et aussi sans dédicace, car je veux ne reconnaître qu'à Madame la Duchesse de Dino l'obligation de me défendre.*

Dans cet ouvrage volumineux où il explique, à sa manière, le déroulement de l'histoire ainsi que ses différents comportements et dans lequel il tente adroitement de se justifier, on peut lire ces quelques lignes sur Napoléon qui rachètent bien des palinodies : *Obligé de choisir entre lui et mon pays, j'ai regretté que l'intérêt de mon pays et les siens ne puissent être confondus dans une même affection. Mais je me rappellerai jusqu'à ma dernière heure qu'il a été mon bienfaiteur. La fortune que je lègue à mes neveux me vient en grande partie de lui. Que si un jour, un homme portant le nom de Bonaparte ait besoin d'être secouru ou aidé, qu'il obtienne cette aide de mes héritiers. Ce sera par ce moyen, plus que par tout autre, qu'ils se montreront reconnaissants envers moi, et qu'ils honoreront ma mémoire.*

Pour qui aime tant mentir, Talleyrand évoque là des sentiments bien sincères auxquels il ne nous a guère habitués. Mais ne disait-il pas, il y a bien longtemps de cela : *Il y a une arme plus terrible que la calomnie, c'est la vérité !* Il est nécessaire de préciser que le texte de ses Mémoires a été tronqué et refait par Bacourt, avec l'assentiment de la duchesse de Dino, dans le but évident de donner une bien meilleure image de celui qui venait de disparaître. Il faut donc observer à son égard la plus grande circonspection, bien que nous y retrouvions "la patte" du maître. Il est en effet difficile de plagier la finesse, la profondeur et l'impertinence de ses propos, qui sont les marques particulières de son esprit.

Chapitre 33

LA GRANDE PEUR DE MONSIEUR DE TALLEYRAND

"Il est vrai que j'ai quelque chose à faire vis-à-vis de Rome."

Une certaine nonchalance s'empare du vieillard qu'il est devenu. *Je ne suis pas heureux, je ne suis pas malheureux*, dit-il avec un peu de résignation dans la voix. Par bonheur, il bénéficie de la compagnie de la petite Pauline ; cette enfant est comme un rayon de soleil dans la vie du vieil homme usé. L'hiver 1836-1837 a été rude et difficile. Et comme l'écrit celle qui lui consacre tous ses instants : "Le froid est son plus mortel ennemi..." mais il est vrai que Napoléon est mort depuis longtemps déjà !

Heureusement pour le prince, ses belles amies continuent à lui écrire, ce qui le remplit d'aise. L'ex-Mme de La Châtre, devenue Mme de Jaucourt, termine ainsi l'une de ses lettres : "Adieu mon ami, je vous aime depuis un bon bout de temps. Je crois que cela pourrait bien être depuis soixante ans."

Mme de La Châtre, née Perrette Bontemps, a été mariée contre son gré à l'âge de 16 ans, il y a donc bien longtemps de cela, à Claude-Louis de La Châtre-Nancay. C'est, paraît-il, une femme très aimable mais aussi très coquette. Son premier amant sera son cousin Arnail-

François, comte, puis marquis, et enfin duc de Jaucourt. Une curieuse aventure lui est arrivée, dans laquelle il a fait preuve d'un courage stoïque. Lors d'un rendez-vous galant avec sa cousine, il dut fuir précipitamment pour éviter d'être surpris par le mari jaloux. La porte se refermant brusquement, lui coinça deux doigts dans l'embrasure. Sans un cri qui aurait pu trahir sa présence, de sa main libre, il se mutila et s'en fut...

En 1791, le mari émigre et rejoint le comte de Provence. Il deviendra plus tard le confident de Louis XVIII qui le nommera ambassadeur à Londres. Comme Jaucourt, son successeur dans le cœur de Perrette, il siège alors au Conseil du roi. Un jour il dut présenter Jaucourt au roi. Cette situation ne manque pas de piquant, mais La Châtre s'en tirera avec infiniment d'esprit : "Sire, j'ai l'honneur de présenter à Votre Majesté le mari de ma femme !"

En fait, de toutes les femmes qui aimèrent Talleyrand, bien peu lui témoignèrent du ressentiment. Même Mme de Staël qui pourtant lui a souvent reproché son inconduite, ne l'a jamais vraiment mis à l'index. Seule, peut-être, la belle comtesse de Brionne qui aima tant le joli abbé de Périgord, sut lui montrer avec dignité et esprit, qu'elle n'avait pas approuvé son attitude après la Révolution. Ainsi, lorsqu'un jour Charles-Maurice demanda à la revoir, elle ne le reçut point et, lorsqu'il se présenta chez elle, on lui fit dire que Madame la comtesse était absente. Le domestique lui remit cependant, de sa part, une enveloppe vide, portant tous les titres de notre ami, dont elle avait souligné tous ceux qu'il avait acquis sous l'Empire. Elle lui montrait de cette manière qu'elle avait conservé toute son indépendance de jugement et sa lucidité, même si effectivement, elle l'avait beaucoup aimé.

Talleyrand, sans rancune, s'exprime ainsi sur Louise de Rohan, chanoinesse de Remiremont, épouse de Charles de Lorraine, comte de Brionne : *La beauté d'une femme, sa noble fierté se mêlant au prestige d'un sang illustre et fameux, si souvent près du trône, ou comme son ennemi, ou comme son soutien, répandent un charme particulier sur les sentiments qu'elle inspire.*

Il quitte son cher Valençay à l'automne 1837, avec la crainte que ce soit un dernier adieu à ces lieux qu'il affectionne par-dessus tout : *J'ai une peine si excessive, si extraordinaire de m'arracher à Valençay ; cette fois cela me paraît être un pressentiment.* Hélas! il ne se trompe pas.

Il regagne pourtant Paris, et rejoint l'hôtel Talleyrand de la rue Saint-Florentin. Quelques temps après son arrivée dans la capitale, son vieil ami le comte Reinhart meurt le jour de Noël 1837. Il décide de faire son éloge à l'Académie des Sciences. Mme de Dino tente bien de l'en dissuader, mais en vain, car déclare-t-il : *Ce sont mes adieux au public, et rien ne m'empêchera de les lui faire !* C'est un véritable triomphe qui lui est réservé, les applaudissements crépitent, et Charles-Maurice, comme il le souhaitait, réussit sa représentation d'adieux. En grand acteur de la scène de l'histoire, il quitte son public telle une diva.

Il lui faut maintenant quitter ce monde, et comme le dit si joliment la duchesse de Broglie : "Maintenant, ce n'est plus le savoir-vivre qui compte, c'est le savoir-mourir !" Ses jambes faiblissent, ses forces s'amenuisent, mais son esprit est toujours aussi vif ; c'est Chateaubriand qui en fait les frais lorsqu'il s'exclame : *Chateaubriand se croit sourd depuis qu'il n'entend plus parler de lui !* Il est vrai que les deux hommes se détestent cordialement. C'est sans doute pourquoi Talleyrand dit de lui : *Chateaubriand écrit ses ouvrages avec une plume de corbeau !* Ce qui n'empêchera pas le dit "corbeau" de croasser de bien vilaine manière, à la mort de notre ami.

Charles-Maurice dort très peu, ce qui lui laisse de longs moments de méditation pendant lesquels il se demande quelle image la postérité gardera de lui. *Je veux que pendant des siècles on continue à discuter sur ce que j'ai été, ce que j'ai pensé, ce que j'ai voulu.* C'est ce qu'il avait répondu à la comtesse de Kielmannsegge lorsque celle-ci lui avait dit : "Vous avez voulu être un homme autour de qui les opinions seront toujours disputées." Son vœu sera exaucé au-delà de toutes ses espérances. Sans doute serait-il bien surpris, s'il revenait parmi nous, de constater que lorsque l'on parle de lui, ce n'est pas pour n'en dire que du bien !

Pour prévenir les mauvais jugements qu'il craint que l'on porte sur la façon dont il a conduit sa vie, il écrit une longue lettre à Lamartine qui a relevé chez lui "son grand flair infaillible de toutes choses humaines." Voici la teneur de cette confidence que l'auteur du "Lac" a rapportée dans "Les entretiens familiers de littérature." Elle donne, peut-être pour la première fois, une image un peu plus précise des contours de l'âme de Monsieur de Talleyrand : *On me dit immoral et machiavélique, je ne suis qu'impassible et dédaigneux. Je n'ai jamais donné un conseil pervers à un gouvernement ou à un prince, mais je ne m'écroule pas avec eux. Après le naufrage, il faut des pilotes pour recueillir les naufragés. J'ai du sang-froid et je les mène à un port quelconque, peu importe le port, pourvu qu'il abrite... Il y a, pour les hommes d'Etat, bien des manières d'être honnête. La mienne n'est pas la vôtre, je le sais, mais vous m'estimerez plus que vous ne le pensez un jour... Mes prétendus crimes sont des rêves d'imbéciles. Est-ce qu'un homme habile a jamais besoin de crime ? C'est la ressource des idiots en politique. Le crime est comme le reflux de la mer, il revient sur ses pas et il noie. J'ai eu des faiblesses, quelques-uns disent des vices ; mais des crimes ? Fi donc !*

L'idée de la mort obsède "Monseigneur l'évêque d'Autun" qui s'inquiète de l'enterrement qu'on réserve au prince de Talleyrand-Périgord, ex-député des Etats généraux, ex-ministre des Relations extérieures du Directoire, du Consulat et de la Restauration, ambassadeur de Sa Majesté Louis-Philippe à Londres... A priori, il ne lui faut pas songer aux obsèques religieuses. Pourtant le pape Grégoire XVI a laissé la porte entrouverte : "A condition qu'il y ait un repentir sincère et une réparation suffisante" a-t-il bien précisé.

La duchesse de Dino, qui sait combien son oncle est préoccupé par cette question, invite l'abbé Dupanloup à dîner. Ce dernier plait à Charles-Maurice, au point qu'après son départ, il confie à sa nièce :

> *Si je tombais sérieusement malade, je demanderais un prêtre, et j'aimerais que ce fût Monsieur l'abbé Dupanloup.*
>
> "Sans doute lui répond-elle, mais il faudrait que vous fussiez rentré dans l'ordre commun, dont vous êtes malheureusement sorti."

De son côté, l'abbé Dupanloup a été conquis par le charme de notre ami ; il est déjà sous influence. Chose extraordinaire, et pour le moins paradoxale, le confesseur est en admiration devant le pécheur ! Le récit qu'il nous fait de leur premier entretien indique à quel point la puissance de séduction de son nouveau pénitent a déjà opéré. Voici ce que l'abbé Dupanloup écrit : "J'étais à l'hôtel de Talleyrand frappé de la grandeur solennelle du maître. Je me représentais, malgré moi, cette tête si noble et si haute, ces traits expressifs et imposants, ce regard si pénétrant, si profond..."

La suite de son récit nous le montre, sinon déjà prêt à pardonner, mais au moins disposé à la plus grande compréhension : "Le prince de Talleyrand était vénéré, chéri de tous ceux qui l'approchaient. Et comme cette vénération et cette tendresse lui ont été fidèles pendant toute sa vie presque séculaire, il faut bien, me disais-je, que ceux qui en ont dit tant de mal, et jamais de bien, aient eu un tort et n'aient pas tout su..."

Si d'aucuns ont pu lui reprocher, (et à Mgr de Quélen bien davantage encore) de n'avoir peut-être pas su discerner l'exacte nature du repentir du prince de Bénévent, il faut bien admettre que les motifs de ce légitime reproche ne manquaient pas. En effet, ce qu'il a écrit à ce propos ne laisse aucun doute sur ses convictions : "Mais le souvenir le plus vif qui me resta de ma première entrevue avec M. de Talleyrand, ce fut ce caractère de gravité, cette sorte de préoccupation religieuse qui m'avaient d'abord frappé dans sa conversation. Il ne s'y était peut-être pas dit un mot que n'eût pu avouer un évêque : la justesse et l'orthodoxie des principes, la noblesse et la pureté des sentiments attestaient des réflexions sincères et profondes... Dès ce jour, je pensai qu'il n'y avait pas à désespérer de M. de Talleyrand..."

Charles-Maurice est bien obligé d'admettre qu'il lui faut accepter de faire la paix avec l'Eglise. C'est sans doute pourquoi il finit par concéder : *Certes, il est vrai que j'ai quelque chose à faire vis-à-vis de Rome, je le sais. Il y a même assez longtemps que j'y songe. Savez-vous ce qu'on veut de moi ? Pourquoi ne le me dit-on pas ?* Plus contraint et résigné qu'enthousiaste, il rédige donc sa rétractation qu'il commence par cette phrase : *Je déclare d'abord que je meurs dans la religion catholique et romaine...* et qu'il signe le matin même de sa mort, après avoir beaucoup fait attendre ce cher abbé Dupanloup. Mais suprême sursaut d'orgueil, il demande que l'on antidate le document, pour qu'on ne dise pas, plus tard, qu'il avait signé sa rétractation à un moment où il n'avait peut-être pas toutes ses facultés...

On s'est beaucoup interrogé sur la sincérité du repentir de l'ex-évêque d'Autun. L'abbé Dupanloup est certain d'avoir "repêché" une âme pour la ramener à Dieu. Montrond, dont on connaît les liens d'amitié qui l'unissent à notre personnage, est d'un avis plus nuancé : "Il a été mû par deux sentiments : ne pas donner le scandale d'obsèques dépourvues d'honneurs religieux et ne se convertir qu'à la dernière minute afin d'échapper aux sarcasmes du monde." Et que dire de Chateaubriand qui a écrit dans "Les mémoires d'outre-tombe" à propos de l'attitude sans doute un peu complaisante de l'abbé Dupanloup : "Jamais l'orgueil ne s'est montré si misérable, l'admiration si bête, la piété si dupe !"

CHAPITRE 34

LA FIN

"N'oubliez pas que je suis évêque !"

A huit heures du matin, le jour de sa disparition, Louis-Philippe et sa soeur Adélaïde lui rendent visite. Charles-Maurice, qui a conservé toute sa lucidité, est très touché par ce geste. Une anecdote a été rapportée à propos de cette visite du roi. Il n'est pas tout à fait certain qu'elle soit avérée, mais elle mérite cependant d'être racontée, ne serait-ce que pour son côté amusant. Notre cher homme, sur son lit de mort aurait répondu au roi qui lui demandait des nouvelles de sa santé :

Je souffre comme un damné.

"Déjà !" se serait exclamé Louis-Philippe.

Les témoins désignés par l'archevêché sont arrivés. Son confesseur nous parle d'eux : "Il était difficile de choisir des hommes d'un caractère plus honorable et d'une plus haute autorité. Chacun d'entre eux était le plus représentatif de sa catégorie. Le prince de Poix, pour l'aristocratie, Saint-Aulaire et Barante, tous deux ambassadeurs, pour la diplomatie, Molé pour la politique et Royer-Collard pour la vertu."

C'est ce même Royer-Collard qui habite à Chateauvieux, distant d'une quinzaine de kilomètres à vol d'oiseau et qui s'est lié d'amitié avec Charles-Maurice. Cela explique sans doute le jugement plein d'indulgence qu'il porte sur lui, lorsque depuis Londres en 1834, il écrit à notre ami : "Vous restez le seul de la race des géants." Les regrets qu'il exprime à la mort de son voisin sont sans doute exagérés, mais réellement sincères : "C'est le dernier cèdre du Liban" se plaint-il alors.

A l'aube de ce qui sera sa dernière journée, "un elfe léger et aérien, une apparition de mousseline et de tulle se glisse dans la pièce, tout près du mourant." C'est sa petite-fille Marie-Thérèse, fille de Charlotte, l'enfant qu'il a sans doute eue avec Mme Grand en 1798, même s'il a tenté de faire croire qu'il s'agissait d'une enfant adoptée dont il demanda, en 1807, d'être le tuteur. Elle se rend à l'église pour sa première communion, et sollicite la bénédiction du vieillard qui se meurt. Charles-Maurice, ému et touché à la fois, ne peut s'empêcher de soupirer : *Voilà bien les deux extré-mités de la vie : elle va faire sa première communion... et moi...*

Conformément aux souhaits exprimés par celui qui va quitter bientôt ce monde, l'abbé Dupanloup reste à son chevet. Il lui apporte le réconfort en ces derniers instants, en lui parlant de l'amitié que vient de lui témoigner Monseigneur de Quélen. En effet celui-ci a déclaré qu'il était prêt à donner sa vie pour sauver celle du prince. Notre ami, dans un dernier trait d'esprit murmure : *Dites-lui qu'il a bien meilleur usage à en faire !*

Pour l'abbé Dupanloup, l'heure est venue de recevoir la confession de son illustre pénitent et de lui administrer l'extrême-onction. Mais ce dernier, dans un étonnant réflexe de la part d'un mourant, au lieu de tendre ses paumes ouvertes, présente ses poings fermés en disant : *N'oubliez pas que je suis évêque !*, et l'abbé Dupanloup dut se souvenir qu'effectivement M. de Talleyrand avait reçu l'onction épiscopale, il y avait bien longtemps de cela.

Charles-Maurice est mort comme il a vécu, avec la même nonchalance un peu hautaine, ce sybaritisme et cette lenteur sinueuse qui ne manquent pas de majesté. Fidèle à sa devise, "festina lente", il est parti ainsi, sans hâte, comme il a toujours fait les choses : *Doucement, doucement. De ma vie, je ne suis jamais arrivé en retard à un rendez-vous parce que je ne me suis jamais pressé d'y aller* disait-il, souvent. Cette attitude souple et féline à la fois a inspiré cette réflexion au comte Molé : "Il y a en lui du grand seigneur, de la femme, de l'abbé et du chat. L'abbé et le grand seigneur dominent."

Près de lui, pour ses derniers instants, M. de Bacourt et Montrond, l'ami de toujours, sont présents. Les témoins de qualité déjà cités assistent également à l'agonie du prince. Si solennellement et si dignement entouré, M. de Talleyrand est mort en public, presque comme un roi. Mais n'était-il pas celui de l'esprit ?

C'est à 3 heures 35 de l'après-midi que l'illustre cher homme rend l'âme, en ce 17 mai 1838, à l'âge de 84 ans, et selon le mot de Mme de Girardin : "Monsieur de Talleyrand est mort en homme qui sait vivre !" Il est vrai qu'il a gardé jusqu'au bout cette noblesse, ce souci des règles du savoir-vivre et de la bienséance que toute sa vie il s'est appliqué à respecter, en toute occasion. Même sur son lit de mort il a confié à son médecin : *Je n'ai qu'une peur : celle de l'inconvenance.*

Ainsi s'est éteint cet illustre représentant de la terrible famille des Périgord.

Alfred de Vigny rapporte que lorsqu'on annonça sa mort, quelqu'un se serait exclamé : "Il n'y a, en France, qu'un malhonnête homme de moins !"

Le prince Pozzo di Borgo, quant à lui, raconte une histoire, assez drôle il est vrai, à propos de la mort du prince : "Lorsque Talleyrand arriva aux enfers, il fut accueilli par Satan en personne, qui lui rendit les honneurs en lui faisant remarquer : prince, vous avez dépassé mes instructions !"

Si cette anecdote est plaisante, à l'opposé, les écrits pleins de rancœur commis par Chateaubriand, au moment de la mort de Talleyrand, et sur les circonstances de celle-ci, ne grandissent pas leur auteur. Il est des jugements inacceptables, quoi que l'on puisse reprocher à ceux sur qui ils sont portés.

Chateaubriand manque de la plus élémentaire pudeur lorsqu'il décrit la fin de Talleyrand : "La foule a bayé aux obsèques de ce prince aux trois quarts pourri, une ouverture gangreneuse au côté, la tête retombant sur la poitrine en dépit du bandeau qui la retenait..." Mais la suite de son récit est encore plus atroce, ignoble jusqu'à l'écœurement : "Les hommes de plaies ressemblent aux carcasses des prostituées : les ulcères les ont tellement rongés qu'ils ne peuvent plus servir à la dissection..."

Comparé à ce torrent de pourriture, le jugement de Victor Hugo passe presque pour un compliment : "C'était un personnage étrange, redouté et considérable, il s'appelait Charles-Maurice de Périgord ; il était noble comme Machiavel, prêtre comme Gondi, défroqué comme Fouché, spirituel comme Voltaire et boiteux comme le diable. On pourrait dire que tout en lui boitait : la noblesse, qu'il avait faite servante de la République, la prêtrise, qu'il avait traînée au Champ-de-Mars, puis jetée au ruisseau, le mariage, qu'il avait rompu par vingt scandales et par une séparation volontaire, l'esprit, qu'il déshonorait par la bassesse."

Le corps de Charles-Maurice est embaumé "à l'Egyptienne", et Victor Hugo rapporte, à ce sujet, une histoire particulièrement horrible. En effet, le pharmacien Nicard de la rue Duphot, chargé de l'embaumement du corps de Talleyrand, a oublié d'enfermer son cerveau dans un vase en argent. Ce cerveau qui durant plus de quarante années a mené les affaires du monde, conclu des traités, lancé tant de mots d'esprit. Ce cerveau qui a aussi conçu tant de vilenies et de traîtrises, est resté sur le coin d'une table ! Mais l'histoire ne s'arrête pas là ; en effet, le domestique chargé par le pharmacien de ranger et de nettoyer la pièce, découvre le cerveau ainsi oublié. Que peut-il bien en faire ? Ne trouvant de meilleure idée, il le jette dans la bouche d'un égout située juste devant l'officine !... En vérité, un bien vil traitement et une triste fin pour un si grand esprit !

✿

Les funérailles de cet immense personnage ont lieu à Paris le 22 mai à 11 heures, là où il est né il y a fort longtemps de cela. Pour sa dernière sortie dans le monde, notre ami a bien fait les choses ! Ce sont presque des obsèques nationales auxquelles il a droit. La famille royale assiste à la cérémonie, et l'église de l'Assomption est bien trop petite pour contenir le "tout-Paris" de la ville et de la Cour venu assister au service funèbre. Il faut voir le cortège imposant et coloré défiler au pas lent des chevaux tirant le corbillard, pour se dire que même dans la mort, Talleyrand s'en va, comme à son habitude, sans se hâter. Mais peut-être n'est-il pas trop pressé de se rendre là où vont généralement "les diables... boîteux !"

Les membres du clergé, en grand nombre, précèdent le fourgon mortuaire sur lequel figurent les armoiries de la famille de Périgord : de gueule à trois lions armés, lampassés et couronnés d'azur. Couronne de prince sur l'écu et couronne ducale sur le manteau ; et, bien en vue, la devise "Rien que Dieu." Les chevaux empanachés, la tête surmontée d'une couronne de plumes d'autruche, ont été revêtus de housses brodées de fils d'argent. Cet apparat fait dire à d'Argout : "N'était le cercueil, on aurait pu croire qu'on assistait à une noce ou à une cérémonie à la Cour !"

Selon les vœux qu'il a exprimés dans son testament, il est conduit à Valençay pour y être enterré. On raconte que le postillon chargé de la conduite du corbillard aurait demandé par quelle porte il lui fallait sortir de Paris. Quelqu'un lui aurait répondu : "Barrière d'enfer !" Coïncidence étonnante, le fourgon qui transporte le mort à Valençay a déjà servi à ramener d'Arenenberg le corps de la reine Hortense, cette reine de Hollande qui a tant aimé Charles de Flahaut, le fils qu'il a eu de la très belle Adélaïde, et qui fut le père du duc de Morny.

Pour son retour en terre berrichonne, Charles-Maurice ne voyage pas seul. On ramène avec lui deux autres cercueils, celui de Yolande de Périgord, une petite-nièce décédée à l'âge de trois ans ainsi que celui de son frère Archambaud. Tous trois sont inhumés dans la crypte située sous la chapelle Saint-Maurice du château de Valençay. Notre ami repose dans un sarcophage de marbre noir, aux côtés de sa très chère Tyszkiewicz, princesse Marie-Thérèse Poniatowska.

✿

Ainsi se termine la vie mouvementée de Charles-Maurice de Talleyrand-Périgord. Une vie bien remplie, où le goût des femmes, du pouvoir et de l'argent le dispute à la vivacité de son esprit, à celle de son intelligence, et à son fabuleux sens de la prémonition, mais aussi à sa duplicité et à son cynisme. Bien fol serait celui qui pourrait affirmer connaître les tréfonds de l'âme de cet homme.

Sans doute espérait-il meilleur jugement de l'histoire lorsqu'il réclamait la clémence en ces termes : *La postérité portera un jugement plus libre et plus indépendant que les contemporains sur ceux qui, placés comme moi sur le grand théâtre du monde, à une des époques les plus extraordinaires de l'histoire, ont droit, par cela même, d'être jugés avec plus d'impartialité et plus d'équité.*

Mais si les historiens ont souvent porté sur lui un jugement plutôt négatif, c'est bien parce que sa vie n'a pas été exempte de tout reproche. Cette vie où la présence des femmes fut constante, et les préoccupations financières jamais absentes, comme le constate Vitrolles, un homme qui l'a beaucoup connu : "Je serais tenté de croire que les deux grands mobiles de son existence ont été l'amour des femmes et l'amour de l'argent."

L'application qu'il a mise à cacher ses sentiments et à récrire l'histoire, fait qu'il est difficile de cerner la véritable nature de cet homme, capable de tout... même de faire le bien ! La faculté qu'avait cet opportuniste de talent, ce prévaricateur habile, de ne pas trahir ses sentiments et de réprimer ses émotions, fut une arme redoutable dont il s'est servi tout au long de sa vie et qui explique une bonne part de ses succès diplomatiques. Le maréchal Lannes a bien su dépeindre, de façon un peu triviale certes, mais ô combien réaliste, l'étonnante impassibilité de notre personnage, lorsqu'il s'est écrié, dans son langage de soldat : "Si son derrière venait de recevoir un coup de pied, son visage n'en disait rien !"

Grand connaisseur de l'âme de ses contemporains, il séduisait les uns pour mieux les convaincre, et trompait les autres pour mieux les perdre ; mettant ainsi en pratique l'une de ses maximes favorites : *Le secret de plaire dans le monde est de se laisser apprendre des choses que l'on sait par des gens qui les ignorent !*

Qui étiez-vous Charles-Maurice de Talleyrand-Périgord ? Un aventurier ? Un bon serviteur de la France ? Un homme cynique ? Un grand Européen ? Un traître ? Un homme plein d'esprit ?

Vous étiez probablement tout cela à la fois, mais vous avez su si bien brouiller les pistes et donner le change qu'aujourd'hui il est pratiquement impossible de porter, sur la façon dont vous avez conduit votre vie, une appréciation circonstanciée.

De lui, on peut dire tout ce que l'on veut. Tout serait vrai et tout serait faux. Mais ne cherchons pas à expliquer ses contradictions. Contentons-nous de goûter le charme piquant de son humour et la saveur de son esprit, à nulle autre pareille.

Vous avez une âme bien noire, Monsieur de Talleyrand, mais Dieu! qu'avec tous vos défauts, et vous en aviez de fort gros et de fort nombreux, vous restez, à mes yeux, un homme plein de charme et d'attrait.

"Il faut avouer que le goût du soufre a parfois de curieuses saveurs, et l'attachement à un homme de bien étranges détours !"

Chauffailles - Saint-Gervais - MONT-BLANC
18 Octobre 1988 - 4 Décembre 1991

REMERCIEMENTS

Ce livre est l'accomplissement du souhait de participer, bien modestement il est vrai, à aider ceux que les hasards de la vie ont laissé pour compte au bord du chemin, ou rendu différents des autres, d'une différence si terrible que chaque geste accompli pour tenter de l'atténuer semble dérisoire ; geste qu'il ne faut cependant jamais renoncer à accomplir, lorsque l'occasion se présente. La pire des choses serait de baisser les bras devant les difficultés, aussi importantes soient-elles. L'exemple merveilleux donné par tous les bénévoles qui agissent en faveur des plus démunis est à la fois un appel et un encouragement. Un appel à venir les rejoindre dans leur combat, et un encouragement à ne jamais désespérer.

Que le lecteur soit vivement remercié pour l'achat qu'il vient de faire. Par son geste généreux, il montre l'intérêt qu'il porte à ceux que le sort a frappés et il contribue à la collecte de fonds qui seront versés à l'association des PAPILLONS BLANCS de Paray-le-Monial qui œuvre si généreusement et si efficacement au service des enfants handicapés, et à MERE TERESA, pour les déshérités de Calcutta.

Qu'il me soit permis de remercier ici, de tout cœur, *celle* et ceux qui ont suscité chez moi le désir d'écrire ce livre, montré la voie à suivre, et qui m'ont encouragé tout au long de ce travail.

Chacune, chacun se reconnaîtra, si bien qu'il n'est point besoin de les citer tous.

Gérard SELLIER

BIBLIOGRAPHIE

- Octave AUBRY : *Napoléon*
- Jacques AUDIBERTI : *Faire marcher les femmes*
- Françoise de BERNARDY : *Le dernier amour de Talleyrand, la duchesse de Dino*
- Jean de BOURGOING : *Lettres de Talleyrand à Metternich*
- Casimir CARRERE : *Talleyrand amoureux*
- Jean de CASTELLANE : *Talleyrand*
- André CASTELLOT : *Talleyrand ou le cynisme - Bonaparte Napoléon*
- André CASTELLOT - Alain DECAUX : *L'histoire de la France et des Français au jour le jour. Tomes 6 et 7*
- Vicomte François-René de CHATEAUBRIAND : *Talleyrand - Mémoires d'outre-tombe*
- Guy CHAUSSARD-NOGARET : *Mirabeau*
- Henry CONTAMINES : *Diplomatie et diplomates*
- Arthur CONTE : *Fructueux exil*
- Emile DARD : *Napoléon et Talleyrand*
- Alain DECAUX : *Les face à face de l'Histoire*
- Alfred FABRE-LUCE : *Talleyrand*
- Claude GUILLAUMIN : *Talleyrand au Congrès de Vienne*
- Chanoine Denis GRIVOT : *Autun*
- Louis HASTIER : *La fille adoptive de Talleyrand*

- HISTORAMA : *Talleyrand réconcilie les Français* par Michel PONIATOWSKI
- HISTORIA : *L'esprit de Talleyrand* par Léon TREICH
- HISTORIA : *Talleyrand ou le diable boîteux* par Edouard HERRIOT
- HISTORIA : *Talleyrand* par Pierre GAXOTTE
- HISTORIA : *Et vos trahisons, Monsieur de Talleyrand ?* par Alain DECAUX
- Alain JENNY : *Bref aperçu sur les origines de Sigolsheim*
- Louis JOXE : *Morale et politique*
- Bernard LACOMBE : *Talleyrand, évêque d'Autun*
- Georges LACOUR-GAYET : *Talleyrand*
- Jacques de LACRETELLE : *Leur vie menée par l'ambition*
- Paul LOPPIN : *Delacroix père et fils*
- Louis MADELIN : *Talleyrand - Fouché*
- Michel MISSOFFE : *Le Prince reçoit - Le cœur secret de Talleyrand*
- MIROIR DE L'HISTOIRE : *Prononciation du nom de Talleyrand*
- MIROIR DE L'HISTOIRE : *Sources de l'esprit de Talleyrand* par Jacques BOURGEAT
- MIROIR DE L'HISTOIRE : *L'esprit de Talleyrand* par André CLAIR
- Anatole de MONTESQUIOU : *Mémoires*
- Jean ORIEUX : *Talleyrand ou le sphinx incompris*
- Gaston PALEWSKI : *Le miroir de Talleyrand*
- Théodore PIGUET : *Une énigme dans l'œuvre de Greuze : le portrait de Talleyrand*

- Prince Michel PONIATOWSKI : *Talleyrand aux Etats-Unis*
- Charles SAINTE-BEUVE : *Monsieur de Talleyrand - Nouveaux Lundis*
- Jean SAVANT : *Talleyrand*
- Charles-Maurice de TALLEYRAND-PERIGORD : *Mémoires de Talleyrand,* d'après BACOURT
- STENDHAL : *Le rouge et le noir*
- Louis THOMAS : *L'esprit de Monsieur de Talleyrand*
- Jacques VIVENT : *La vieillesse et la mort de Monsieur de Talleyrand - Monsieur de Talleyrand intime*
- VUES ET IMAGES DU MONDE : *Les mots de Talleyrand*

TABLE DES MATIÈRES

Maquette
et
Mise en page

22/4
INFORMATIQUE

Tél : 50 71 29 55
Fax : 50 29 34 92
Thonon les Bains

Achevé d'imprimer en mars 1992
sur presse CAMERON
dans les ateliers de la S.E.P.C.
à Saint-Amand-Montrond (Cher)

N° d'impression : 760.
Dépôt légal : mars 1992.

Imprimé en France